KB005363

아무도
울지 않는
연애는
없다

아무도 울지 않는 연애는 없다

| 박진진 · 김현철 지음 |

사람에 상처 입은
나를 위한 심리학

애플북스

CONTENTS

chapter 02

아무도 울지 않는 연애는 없다

왜 우리는 연애를 하면서도 우울한 걸까

chapter 02

아무도 울지 않는 연애는 없다

왜 우리는 연애를 하면서도 우울한 걸까

chapter 03

진짜 행복한 사람은 사랑에 기대지 않는다

왜 우리는 연애가 끝나기만 하면 불안한 걸까

프롤로그

레옹, 마틸다를 만나다

그날 아침도 여느 때와 다름없이 '007' 메인 주제가를 들으며 집을 나섰다. 그렇게 비장한 각오로 무장한 채 집을 나서야만 빙의와 환청, 불안과 우울, 죄책감과 수치심과 같은 증상으로 고통스러워하는 분들의 이야기를 내 이야기처럼 진지하게 공감하며 맞이할 수 있기 때문이다. 그렇게 하루하루를 보내던 중 필자는 반가운 손님을 만났다. 연애와 우울에 관한 글을 함께 집필해보자는 제안이 바로 그것이었다. 당시 우울이란 녀석을 처리하는 데에는 어느 정도 자신이 있었기 때문에, 주저하지 않고 출판사 계약서에 사인을 했다. 하지만 돌이켜보니 그 자신감은 분명 자만이었다. 글을 쓰기 시작하고 나서야 연애에 관해서만큼은 이론과 실천 모두 젬병이었던 것을 비로소 깨달았기 때문이다.

고백하건데 나는 비교적 낙관적인 성격이긴 해도 그리 낭만적이진 못한 사람이다. 그 덕에 남들에 비하면 연애 한 번 제대로 못 해본 소위 재미없는 청춘을 보냈다. 그런 나를 너무나 잘 알기에 그 결핍을 보상하고자 연애에 관한 수많은 간접 경험을 접하려고 나름 노력했다. 그 결과 환자들의 신속한 증상 제거를 최우선으로 생각하던 내가 마치 레옹이 마틸다를 만났을 때 가졌을 법한 묘한 감정을 느끼게 되었다. 나라는 사람에게도 변화가 찾아온 것이다.

이 책에서 나는 연인들이 사랑에 빠지면서 겪는 여러 가지 복잡 미묘하고 달콤 쌉싸래한 문제들을 정신의학적인 시각에서 도움을 주는 역할을 맡았다. 참고로 정신의학이란 인간의 마음과 행동을 연구하고 치료하는 의학의 한 분야다. 비록 과거에는 주로 심각한 정신 질환의 치료에 국한되어 거론되었지만, 최근 들어 정신의학은 병적 상태는 물론이요 건강한 사람들의 마음과 행동까지도 포괄하여 우리들의 삶을 더욱 풍요롭게 증진시키고 있다. 본문에서 언급한 정신의학이란 단어 또한 이런 취지에서 기술되었다. 또 책에 설명한 심리현상들은 살다보면 누구나 한 번쯤은 겪을 수 있는 지극히 정상적인 현상들로 구성되어 있다. 물론 예외도 있다. '마음의 병' 진단은 일상생활에 얼마나 오랫동안 심각한 지장을 주느냐에 따라 결정되기 때문에, 만약 이 책에 언급된 고민이 몇 개월 이상 지속되어 학교나 직장생활은 물론 일상생활조차 붕괴시킨다면 그땐 정신과적 진찰이 필요할지도 모른다. 그러나 이 책에서 서술된 고민들은 사랑에 지친 대부분의 연인들이 응당 거쳐 가야만 하는 통과의례와도 같은 것이다. 자신이 책에서 언급한 거의 모든 사례에 해당한다고 할지라도 굳이 부랴부랴 정신과 병원을 찾아 나설 필요는 없다는 말이다.

아쉽게도 본문에는 이성을 유혹하는 방법론이나 이를 위한 몇 가지 테크닉, 혹은 남녀탐구생활과 같은 이성 간의 극명한 차이점을 보여주는 내용은 많이 나열하지 않았다. 때문에 이 책은 서점에 수없이 깔려 있는 똑똑한 연애코칭서에 비해 그리 솔깃하지 않을 수도 있을 것이다. 본문에 언급했지만 연애란 인간이 가질 수 있는 가장 강렬한 대인관계일 뿐 아니라, 한치 앞도 내다볼 수 없는 예측불허의 성질을 가지고 있기 때문에 연애를 하면서 부딪칠 수 있는 힘든 고민들에 대해 "이럴 땐 이렇게"라는 획일적인 어드바이스는 그다지 유용하지 않을 거라고 생각했다. 대신 어떤 지혜나 마음가짐이 위기를 기회로 만들 수 있는지를 지면이 허용하는 범위 내에서 쉽게 전달하기 위해 최대한 노력했다.

연애는 오직 두 사람 사이에서 벌어진다. 사랑하다 지쳤다거나 권태에 빠졌다는 느낌이 들어 아무 생각도 나지 않는다면, 딱 이 한 가지 사실만 떠올리면 좋겠다. 한 사람이 연애 관계에 행사할 수 있는 영향력이 자그마치 절반이나 된다는 사실을. 그러니 설령 두 사람 사이가 멀어졌다 해도 둘 중 한 사람만 변한다면 그 관계는 절반 이상의 변화가 생길 수 있다. 이것이 바로 몇 가지 연애 테크닉을 암기하는 것보다 나를 앎으로 인해 생기는 변화가 더 중요한 까닭이다.

정신과 전문의
김현철

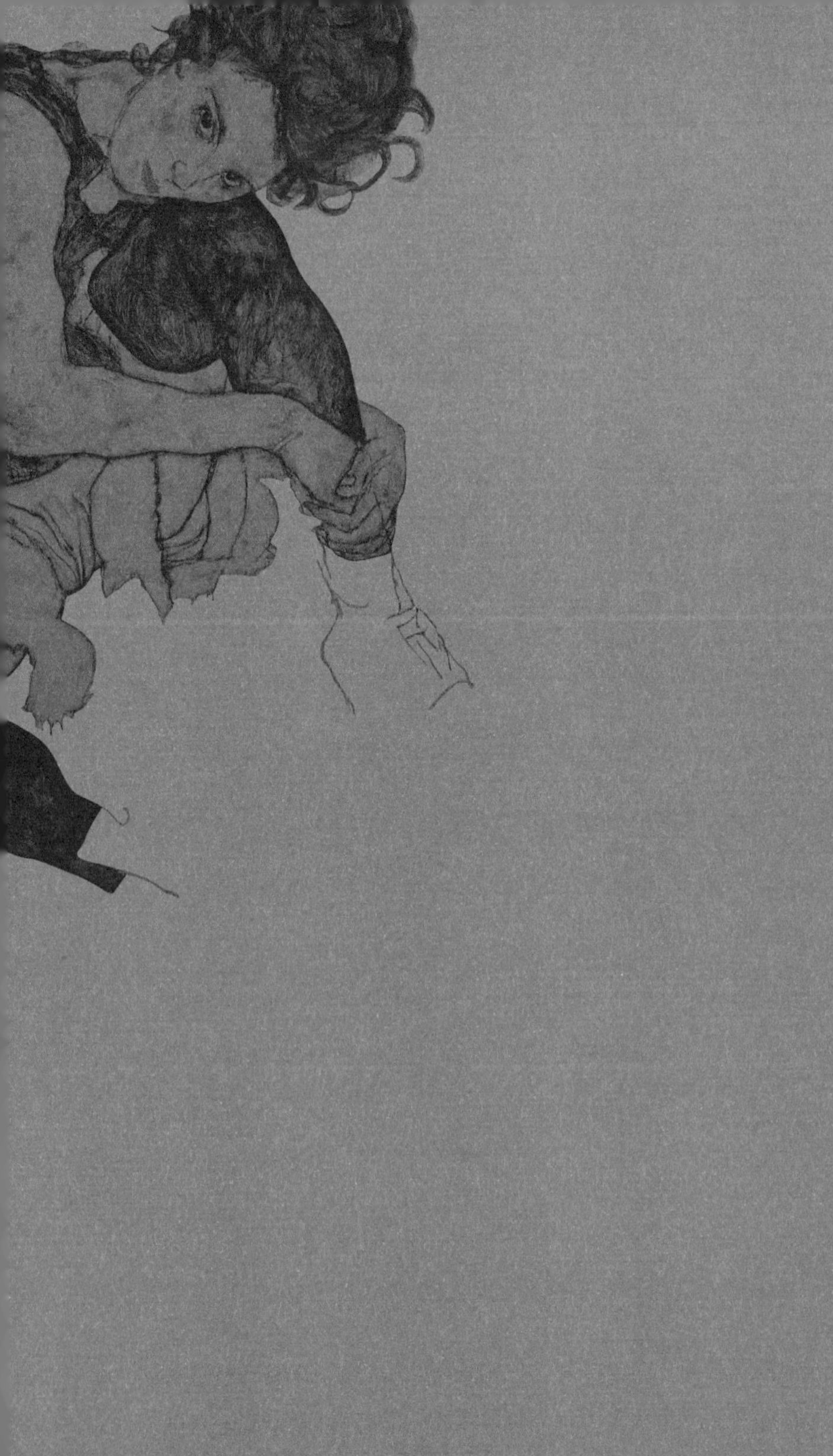

chapter 01

연애를 다시 생각한다

왜 우리는 연애를 시작하기도 전에 걱정하는 걸까

왜 우리는 마음에 드는 사람을 만나지 못하는 걸까?

014

나이를 먹고 주위를 둘러보니 괜찮은 남자는 이미 다른 어린 여자들이 다 채어갔다고 30대 여자들은 말한다. 정말 그럴까? 어느 정도는 일리가 있다. 연애하는 남녀의 연령대별 분포를 살펴보면 20~30대 남성들이 만나는 여성의 나이 대는 대부분 20대다. 여자가 연상이고 남자가 연하인 연상연하 커플이 증가하는 추세라고는 하지만 아직까지도 연상연하 커플은 특수한 경우에 지나지 않는다. 그러니 30대 여성의 입장에선 젊음의 싱그러움과 풋풋한 외모를 지닌 20대 여성들에게 자신들이 밀릴 수밖에 없다고 생각하는 것이다. 허나 이런저런 이유를 따진다고 해도 우리가 마음에 드는 사람을 영 만나지 못할 이유는 없다. 많은 사람들이 단지 젊고 어리다는 이유만으로 이성을 만나지는 않기 때문이다.

우리가 이성을 만나는 가장 현실적인 방법은 누군가에게 소개를 받는 일일 것이다. 이성을 만날 수 있는 기회는 20대에는 미팅이 주를 이루지만 이제 뭔가를 좀 알 만한 나이가 된 서른쯤에는 소개팅이 단연 1위다. 그런데 이상하게도 그렇게 고대하던 소개팅만 나가면 그동안 생각해온 최악의 이성이 나온다. 누가 일부러 그러는 것도 아닌데 소개팅에 나오는 사람들은 왜 하나같이 '나 이래서 여태 애인이 없어요' 같은 사람들만 나오는지 한숨이 절로 나올 지경이다.

당신은 이때 상대방은 물론이요, 소개팅을 주선한 사람까지 싸잡아 그들 탓을 한다. 그전에 당신에게 먼저 잘못이 있다는 걸 모르고 말이다. 소개팅에 나간 것 자체가 잘못이란 말이 아니다. 소개팅에 나가기 전에 터무니없이 상대에 대해 기대를 많이 한 것이 잘못이다. 주선자의 말만 듣고 상대방을 혼자 제멋대로 상상한 것이 잘못이라면 잘못이다.

소개팅은 주선자 입장에서 이쪽과 저쪽을 충분히 파악한 뒤 서로 어울릴 것이란 판단 하에 이루어지기 때문에 이쪽과 저쪽에 대한 애정 어린 사심이 들어가 있는 것은 당연하다. 즉 주선자는 양쪽을 객관적으로, 그러니까 냉정하게 판단하지 못할 수밖에 없다. 소개팅을 받는 입장에서 그 판단을 곧이곧대로 믿었다가 생각과는 완전히 반대되는 상황이 연출되는 것이다. 그래서 우리는 소개팅이라는 만남의 기회에서도 마음에 드는 사람을 쉽게 만나지 못하는 것이다.

우리가 사람을 판단하는 기준은 지나치게 까다롭다. 사랑을 하기에 우리의 눈은 너무 높다. 뮤턴트의 '잔인한 너'라는 노래에 '지금 앞의 거울을 바라봐 너도 그리 아름답진 않잖아'라는 가사가 있다. 나는 이 노래를 들을 때마다 항상 생각한다. 우리는 얼마나 객관적인 잣대로 스스로를 제대로 평가했는가를 말이다.

소개팅에 나가기 전에 상대방에 대해 바라는 점은 정말 많다. 외모, 성격부터 시작해서 재력이나 학력, 연봉 등은 기본 사항에 속한다. 요즘엔 더욱더 까다로운 조건들을 가져다 붙이는데, 아마도 여태 실패했던 사람들과의 경험에서 우러난 기준이나 조건들이 녹아 있을 것이다. 이러니 사랑에 있어서만큼은 나이가 들면 들수록 무던해지는 것이 아니라 오히려 더 날카로운 잣대를 적용하는 것은 어쩌면 당연한 일일 것이다.

그런데 안타깝게도 소개팅이나 미팅은 짧은 시간 내에 상대를 파악해야 한다는 단점이 있다. 게다가 상대를 파악하는 기준이 주로 외모나 외형적인 것에 집중된다. 커피를 마실 때 소리를 낸다든가, 키가 작고 얼굴이 못생겼다는 이유만으로 상대방을 완전히 파악한 것처럼 생각한다. 그 사람이 어떤 사람인지를 제대로 알기도 전에 시각적 정보와 행동에만 치우쳐 사람을 판단하는 것이다.

우리 자신을 생각해보자. 우리 역시 이효리가 아니기에 10분 만에 원하는 남자를 내 것으로 만들 만한 치명적인 매력 따위는 갖고 있지 않다. 오래 보면 볼수록 괜찮은 사람, 만나면 만날수록 진국인 사람은 이렇게 소개팅이나 미팅이라는 인위적인 짧은 만남에서는 결코 파악할 수 없다. 우리는 스스로 그 사람의 진면목을 미처 파악할 시간을 주지도 못하고 좋은 사람을 만날 기회를 아깝게 놓쳐버리는 경우가 많다.

미팅이나 소개팅 자리에서 인기가 많은 사람은 첫째도 외모가 훌륭한 사람이고 둘째도 외모가 훌륭한 사람일 것이다. 그 짧은 시간 동안 우리가 가장 의존하는 감각은 오로지 시각적 감각이기에 어쩌면 당연한 일인지도 모른다. 그래서 나는 잔뜩 기대하며 소개팅이나 미팅을 하러 나가는 사람들에게 말한다. 어떤 상대가 나오든 적어도 3번은 만나보라고, 그 기회는 비단 상대방이 아닌 내 자신에게 주는 기회라고.

몇 시간 만에 끝나는 소개팅이나 미팅, 만나서 겨우 차 한 잔 마시고 밥 한 번 먹는 시간 동안 상대방을 파악할 수 있다면 그 사람은 돗자리 펴고 남의 관상이나 사주팔자를 봐줘야 할지도 모른다.

우리는 너무 많은 부분에 있어 우리의 기대를 충족시켜줄 사람을 찾고 있다. 외모도 괜찮아야 하고 스펙도 좋아야 함은 물론 거기에다 성격까지 좋아야 한다. 미안한 말이지만 이 세상에는 그렇게 완벽한 조건을 갖춘 사람은 드물다. 심지어 우리 자신을 떠올려봐도 그렇다. 외모며 스펙 그리고 성격까지 스스로 만족할 만한가? 절대 그렇지 않다. 외모, 스펙, 성격 기타 등등 부족한 점을 많이 갖고 있다. 그러니까 '너도 그리 아름답진 않잖아'라는 말이 여기에 해당하는 것이다. 우리 자신도 완벽하고 완전하지 못하면서 남들에게는 그런 엄격한 잣대를 들이대고 있는 것이다. 그리고 거기에 한 치의 오차도 없어야만 비로소 우리는 그 소개팅라는 그 만남이 성공적이었다고 판단한다.

사람의 욕심은 끝이 없다. 하지만 적어도 소개팅이나 미팅 그리고 사람을 만나는 것에 있어서는 욕심을 부려서는 안 된다. 누구라도 뭐가 하나 넘치면 뭐 하나는 모자라기 마련이다. 문제는 '우리가 무엇을 포기할 수 있느냐'이다. 스펙을 포기하든 외모를 포기하든 혹은 성격을 포기하든 그중 한 가지는 포기할 필요가 있다. 매번 완전하고 완벽한 사람을 만나려고 한다면 아마도 평생 '난 왜 이렇게 남자 만나는 운이 없을까?' 하고 신세타령만 해야 할지도 모를 일이다.

우리는 스스로에게는 무척 관대하다. 이만하면 귀엽지 않냐? 이만하면 예쁘지 않냐? 이만하면 착하지 않냐? 등등. 그러나 남들에게는 이만하면을 절대 붙여주지 않는다. 무조건 잘생기고 착하고 스펙도 좋기를 바란다. 정말 미안한 얘기지만 그렇게 완벽한 사람이 있다면 그들 역시 자신만큼이나 완벽한 사람을 만나려고 할 것이다.

우리 잠시만 거울을 보자. 이 거울은 수은으로 만든 진짜 거울일 수도 있고 내 내면을 비추는 거울일 수도 있다. 이 거울 앞에 선 우리의 모습을 찬찬히 한번 살펴보자. 관대함을 버리고 정말 냉정하게 자신을 바라보자. 그리고 우리가 만나고 싶은 사람을 생각하자. 마지막으로 그 사람에게 포기할 수 있는 부분을 생각하자. 포기할 수 있는 부분은 대게 외모, 스펙, 성격 등으로 나뉠 것이다. 그중 어느 하나를 포기할 수 있을 때 우리는 누군가를 만나서 연애를 할 수 있을 것이다. 세상에서 완벽한 사람을 찾는 것만큼 어리석은 일은 없다. 차라리 그 시간에 내가 완벽해져 완벽한 사람을 만날 수밖에 없는 내가 되는 것이 더 빠른 일일 것이다.

내 사랑을 초면에 파악하는 비법이 세상에 존재한다면 얼마나 좋을까? 너무나 아쉽지만 그건 어쩌면 로맨스 소설에나 나오는 환상에 불과할지도 모른다. 힘들게 상대를 고르고 골라 결혼을 해도 결국엔 파경으로 치닫는 커플들이 한 둘이 아니다. 하물며 초면에 만나서 나누는 표면적인 대화 몇 마디로 우린 서로의 무엇을 얼마나 알아낼 수 있을까. 때로는 상처받을까, 때로는 깊이 빠질까 두려워 어쩌면 초반부터 너무 몸을 사리지 않았는가. 밑에 있는 공식은 소개팅의 횟수에 비해 현저히 성공률이 떨어지는 당신에게 가르쳐주고 싶은 공식이다.

첫 단추를 잘 꾀는 공식 = 자존감 ÷ 콧대 × 열등감

한 명이라도 열등감이 크고, 콧대가 높을수록 첫 만남에서 연인으로 성사되긴 어려운 일이다. 나보다 잘난 사람이 등장하면 열등감이란 그림자가

어느새 나타나 주눅 들게 만들기 때문이다. 반면에 나보다 좀 못났다 싶은 사람이 나타나면 다소 호감이 가더라도 즉각 대시에 응하기 싫다. '좀 없어 보일까' 하는 생각 때문이다. 그동안 지켜온 자존심과 콧대를 생각해서라도 즉흥적인 답을 피한다.

첫 만남을 좌지우지하는 마음속 콧대인 자존심은 상대를 평가절하Devaluation하고픈 마음의 습관에서 비롯된다. 정신분석학에서는 이런 평가절하 현상을 잘 모르는 낯선 사람에게 무분별하게 매혹되는 것을 방지하기 위한 일종의 자기방어시스템으로 해석한다. TV에서 어떤 신인 연예인을 봤을 때, "쟤는 왠지 밉상이야"라고 했다가, 시간이 지남에 따라 점차 호감으로 바뀌는 현상이 이에 해당되는데 이 현상은 평소 피해의식이 깔려 있는 사람일수록 심하다.

게다가 믿기 어렵겠지만 때론 평가절하하고픈 심리로 인해 상대방도 마치 뭐에 홀린 것처럼 실제로 엉뚱한 행동을 할 수 있다. 만약 당신이 상대를 '바보처럼 어리석다'라고 색안경을 끼고 바라보면, 상대방은 실제로 평소보다 더 서툰 행동을 할 수도 있다. 투사적 동일시Projective identification라고 일컫는 이런 마음의 현상은 응급실에서 의사들이 환자나 보호자와 싸우는 광경에서도 쉽게 찾아볼 수 있다. 물론 그 의사의 거만한 태도가 문제였을 수도 있겠지만, 환자나 보호자가 평소 갖고 있던 의사에 대한 적개심 때문에 의사는 평소보다 더욱 나쁜 의사로 행동했을 가능성이 있다. 투사적 동일시는 그만큼 사람을 순식간에 바보나 나쁜 사람으로 만들어버리는 강력한 힘이 있다. 하지만 사람 사이를 움직이는 이 원리를 역이용하면, 또 다른 좋은 기회를 잡을 수도 있다.

《지금 사랑하지 않는 자, 모두 유죄》를 쓴 노희경 작가의 말처럼, 마음에 드는 상대는 선입견으로 꽁꽁 묶여 있는 자신을 풀어줄 때 비로소 나타난다. 분홍색 뿔테 안경인 '선한 투사적 동일시'의 시선 또한 변화의 힘을 갖고 있기 때문이다. 그러니 만일 첫 만남에서 확신이 잘 서지 않는다면 한번쯤은 상대에게 멋있고 좋은 사람일지 모른다는 눈빛을 날려보길 바란다. 어쩌면 그 눈빛은 첫 만남의 징크스를 깨고 상대방의 진면목을 빨리 보게 하는 열쇠가 될지도 모른다.

왜 나는 남자가 조금만 잘해줘도 착각하는 걸까?

남자들은 대게 친절하다. 특히 여자들에게 친절한 것은 그들이 자라면서 줄곧 받아온 교육의 힘이라고 해도 과언이 아니다. 남자들은 자라면서 약한 존재를 보살피고 보호하며 배려해야 한다고 주입받아왔다. 그래서 자신보다 약한 존재라고 생각되는 여성에게 어지간하면 친절할 수밖에 없다.

문제는 많은 여성들이 이 별 뜻 없는 친절에 의미를 부여한다는 것이다. 그가 뽑아준 자판기 커피 한 잔, 밥은 먹었냐는 질문, 아플 때 안색이 안 좋아 보인다며 걱정 어린 눈빛을 보내는 것을 그 사람이 나에게만 해주는 특별한 무언가로 착각한다. 대부분의 남자들은 여자들에게만큼은 친절이 몸에 베인 사람들이다. 여자가 타인과 공감을 잘하도록 프로그래밍되어 있다면, 남자는 사람들을 잘 배려하고 그 안에서 최대한 편안한 관계를 유지하도록 프로그래밍되어 있다.

만약 이 프로그램을 잘못 해석해 나에게 반했기 때문에 친절한 것이라고 착각했다가는 큰 낭패를 본다. 그러다 혼자 좋아하는 마음을 키워 어느 날 고백을 했다가는 남자에게 이상한 여자로 낙인찍힐지도 모른다.

내가 직장 생활을 할 때 한 동료가 남자 동료에게 아침 출근길에 캔 커피를 받았다. 연애를 하고 있지 않던 그녀에게, 이 캔 커피는 엄청난 의미를 주는 무언가가 되어버렸다. 그래서 그녀는 캔 커피를 마시지 않고 서랍 속에 넣어 두고 거기에 자신의 마음도 함께 넣어 두었다. 마침 얼마 후 회식 자리가 있어 그와 나란히 앉게 된 그녀는 캔 커피를 주었던 그에게 자신의 마음을 고백했다. 그러나 고백을 받은 남자는 그녀가 캔 커피를 마시지 않고 서랍 속에 보관해두었다는 수줍은 고백에 그만 아연 질색하고 말았다. 그녀가 마치 스토커처럼 느껴졌기 때문이다. 연예인을 좋아하는, 아직은 사랑에 서툰 여고생은 그 연예인이 코를 푼 휴지조차도 간직하고 싶은 법이다.

설사 사랑을 시작했다 하더라도 확실한 신호가 오지 않았는데도 자신에 대한 관심으로 해석하는 것은 섣부른 착각이다. 흔히 그런 착각은 남자들의 전유물이라고 생각하지만 경험과 상담에 의하면 여자들이 훨씬 더 많이 착각한다. 다만 그녀들은 마음을 숨기는 데 능숙하기 때문에 겉으로 드러나지 않을 뿐이다. 그녀들은 그가 명확하게 사귀자는 말을 할 때까지 기다리고 또 기다린다. 그중 인내심이 없는 여자들은 이 기간을 견디지 못하고 먼저 고백했다가 뜬금없다는 남자의 표정을 보게 되는 것이다.

고기도 먹어본 사람이 먹을 줄 안다고 사랑도 마찬가지다. 사랑도 해본 사람이 어떻게 해야 하는지 잘 알고 있다. 남자의 친절을 자신에 대한 관심으로 착각하는 여성들은 대게 제대로 된 사랑을 해보지 못한 경우가 대부분이다. 의외로 상대방이 진짜로 자신에게 관심을 가질 때까지 기다리지 못하고 그저 의례적인 친절만 베풀어도 착각하는 여자, 남자는 아직 준비되지 않았는데, 아니 아직 어떤 마음조차 없는데 여자 스스로 그 남자가 자신을 좋아해주니 나도 그를 좋아해야겠다고 생각하는 여자들이 많다.

연애를 하려면 자신감이 있어야 한다. 작은 친절에도 깜박 넘어간다면 아무도 그녀를 내 여자로 만들어야겠다고 욕심 내지 않는다. 약간은 무심한 듯 남자들의 친절을 시니컬하게 바라볼 필요가 있다. 그렇다면 그의 친절이 나만을 향한 것인지 아니면 모두를 향한 것인지 알게 될 것이다. 작은 친절에도 감동을 받는 여자는 착하다는 말을 듣지만 그 작은 친절의 종류가 무엇인지 구분도 못 하고 무조건 감동을 받는 여자는 착하다는 말 대신 눈치 없다는 말을 듣는다.

좀 전에 예로 들었던 캔 커피를 간직했던 그녀는 남자가 자신의 마음을 받아주지 않자 급기야 그를 미워하기 시작했다. 사사건건 그가 하는 말에는 토를 달고 틈만 나면 여자 동료들에게 그에 대한 험담을 했다. 이런 행동은 사랑을 거절당했을 때 취할 수 있는 가장 못난 행동 중 하나일 것이다. 그가 나를 사랑하지 않으면 나쁜 놈이 되어야 한다는 유아기적 발상에서 벗어나지 않는 한 앞으로 그녀는 제대로 된 연애를 하기 힘들 것이다.

약간의 친절에 마음이 흔들리는 것은 그만큼 내 중심을 내가 잡고 있지 못하다는 증거다. 이제부터라도 남자들의 친절에 마음을 빼앗기지 말고 뭔가 확실한 입질, 즉 고백이 있을 때까지 기다리자. 내가 나의 주인이 되어서 나와 만날 사람을 결정해야지, 누군가가 잘해준다고 해서 이 사람을 만나야겠다고 생각하는 것은 주인 자리를 남에게 내어주는 것이나 마찬가지다.

중심을 잘 잡고 그들의 친절을 냉정하게 파악할 때 그때 우리는 이것이 사랑인지 아니면 그냥 남들에게 다 하는 친절인데 나 혼자 특별하게 여긴 것인지 구분할 수 있을 것이다.

비록 사랑은 아름다운 것이라 해도 어떤 이들에게는 그저 낯설고 두렵게만 느껴진다. 그건 제대로 사랑받은 경험이 없는 사람일수록 더 심하게 나타난다. 예컨대 비가 심하게 퍼붓는 어느 날, 한 멋진 남성이 일면식조차 없는 여성에게 우산을 건넸다고 하자. 남자는 순수한 의도로 신사적인 호의를 베푼 것뿐이었는데, 정작 그 우산을 받은 여성은 냉큼 다시 돌려주며 정색한다. 이유가 궁금해 옆에 있던 친구가 묻자, 그녀는 다음과 같이 대답했다.

"나, 저 사람에게 관심 없어."

단순히 인간적으로 베푼 호의를 그녀는 낯선 남자의 흑심으로 받아들인 것이다. 그럼 왜 그녀는 그런 착각을 했을까? '뭐 눈엔 뭐만 보인다'라는 속담처럼, 때로는 내면에 생긴 욕망이나 갈등을 상대방도 똑같이 느낄 거라는 착각 때문이다. 심리학에선 이를 투사Projection라고 하며 특히나 판단력이 흐려질 수밖에 없는 연애 상황에선 종종 그 힘에 꼼짝달싹 못할 정도로 압도당해버리곤 한다. 그럼 이러한 마음의 착각인 투사는 왜 일어날까? 그건 바로 너무나 혐오스러워 우리의 존재 자체를 심히 훼손시킬 것 같은 마음 속의 욕구를 처리하기 위해서다. 그래서 투사를 받는 대상은 마치 쓰레기 통이 된 것 같은 느낌을 받는다. 앞서 언급한 우산 빌려준 신사의 기분 또한 그랬을 것이다. 잘은 몰라도 흑심이 있었던 건 우산을 건네준 신사분이 아니라 바로 그녀 자신이었을지도 모른다.

이런 과민반응을 보이는 여성들은 대체로 이성 간의 사랑이나 이끌림을 불쾌한 자극으로 받아들이는 경우가 많다. 세상을 아름답게 만드는 설렘이 아니라 철저히 자기를 보호하게 만드는 일종의 위험요소로 인식하는 것이다. 연애 감정을 쳐내려고 하는 태도는 사람을 믿지 못하는 불신에서 시작된다. 그래서 대인관계의 불신을 특징으로 하는 편집증적 성향이 강한 분들일수록 투사라는 심리적 방어가 마치 최전방 지뢰처럼 수북이 깔려 있다. 이런 사람들은 다른 사람이 내민 무지개 빛깔의 마음을 무조건 자신의 까만 색깔로만 덧칠해버리기 때문에 오해와 싸움이 꽤 잦은 편이다. 따라서 이런 사람들이 가장 조심해야 할 것은 상대를 향한 섣부른 단정이다. '내가 섣불리 상대의 마음을 단정 짓는구나'라는 것을 깨닫고 인정하는 것이야말로 관계 변화를 위해 무엇보다 가장 우선되어야 하는 마음가짐이다.

왜 우리는 노력 없이 사랑을 바라는 걸까?

예전에 '사랑은 움직이는 거야'라는 카피를 쓴 이동통신 광고가 있었다. 맞다. 사랑은 움직인다. 사람의 마음도 움직이는데 사랑이라고 움직이지 않겠는가. 하지만 이 카피를 만약 나에게 새로 쓰라고 한다면 나는 '사랑은 노력하는 거야'라고 쓰겠다. 사랑이 움직이는 이유는 결국 노력을 하지 않았기 때문에 상대에게서 나에 대한 사랑의 마음이 걷어지는 것이기 때문이다.

사랑을 하면서 조금의 노력도 하지 않는 사람들을 본다. 이런 사람들은 사랑에 있어서만큼은 유아기를 벗어나지 못했다. 그들은 일단 사랑에 시동이 걸리면 사랑이 저절로 출발해서 장애물도 넘고 유턴도 자유자재로 할 것이라고 생각하지만 절대 그렇지 않다. 사랑에는 끊임없는 노력이 필요하다. 잡은 물고기에는 먹이를 주지 않는다지만 잡은 물고기를 바로 그 자리에서 회쳐 먹거나 구워 먹을 게 아니라 오래 두고 볼 생각이라면 반드시 먹이를 줘야 한다. 아무 노력 없이 사랑을 받을 수 있는 것은 부모님에게서나 가능하다. 내리 사랑이라 표현될 만한 그 사랑은 정말로 별 노력 없이 저절로 획득되는 강력한 아이템이다.

그럼 사랑에 필요한 노력이란 건 무엇일까? 사랑에 필요한 노력은 사랑이 시들지 않도록, 그리고 지겨워지지 않도록 정성스럽게 물을 주고 가꾸는 것을 말한다. 사랑에서 가장 중요한 단계는 '우리 이제부터 사귀자'라고 말하는 첫 순간이 아니라 오히려 그런 설렘의 순간들, 별 노력 없이도 절로 모든 게 잘 되는 시기가 지나고 난 다음부터다. 사랑에 필요한 노력은 상대방에게 믿음을 주기 위한 노력에서 상대를 기쁘게 해주기 위한 노력까지 실로 다양하다.

그렇다면 왜 우리는 노력 없이 사랑을 바라기만 하는 것일까? 놀부 심보라서 그런가? 물론 그렇지는 않다. 자신이 존재하는 것 그 자체만으로 상대에게 선물이 될 것이라는 착각에서 비롯된다. 노력 없이 사랑을 원하는 사람들은 대게 자신감으로 가득 차 있다. 물론 자신감도 중요하지만 자신감이 도를 지나치면 그것은 자만이 되어버린다. 자신은 아무것도 하지 않고 그저 상대만 계속해서 나를 만족시켜주길 바란다면 그 관계는 오래 가기 어렵다. 설사 상대방이 약간 처져서 처음에는 '이런 사람을 만난 것만으로도 나에게는 더할 나위 없는 행운'이라 생각했다 할지라도 시간이 지나면 그 생각은 옅어지기 마련이다.

많은 연애서에서는 끊임없이 상대를 불안하게 만들어서 항상 나라는 존재를 의식하게 만들라고 말한다. 그러나 그것은 나만 생각하는 이기적인 발상이다. 진짜 사랑은 서로 노력하고 같이 애를 써야 한다. 그러려면 먼저 믿음을 주는 것이 중요하다.

상대에게 믿음을 주려면 우선 내 행동을 언제 어디서든 명확하게 설명할 수 있어야 한다. 일일이 어디 있는지 상대가 체크하지 않아도 그가 알면 안 되는 어떤 일을 하지 않는다는 믿음을 주어야 한다. 사람의 마음을 믿게 만드는 것이야말로 어떻게 보면 가장 간단하면서도 힘든 일이다. 그러나 나의 작은 행동들로 인해 믿음이 생겨난다면 그 이후부터는 오히려 더욱더 쉽게 사랑을 할 수 있다.

서로를 사랑하는 것과 서로를 믿을 수 있는 것은 별개의 문제다. 너무 사랑하긴 하지만 내가 알지 못하는 어떤 장소에서 그 사람의 행동과 마음이 확신이 서지 않는다면 그것은 사랑하지만 믿음이 없는 관계다. 아무런 노력도 하지 않고 사랑을 바라는 것은 어린 아이가 사탕을 요구하는 심리와 비슷하다. 아이는 어떤 대가도 치르지 않고 달디단 사탕을 얻기만을 바란다. 하지만 아이도 자라면서 알게 된다. 엄마가 사탕을 주는 것은 칭찬받을 만한 어떤 일, 적어도 엄마가 하라고 하는 일을 무사히 했을 때에만 주어지는 당근이라는 것을.

자신은 아무것도 하지 않으면서 상대가 무안한 사랑을 주길 바라는 것은 분명 어리석은 바람이다. 사랑하는 사람은 내 부모가 아니다. 내 형제도 아니다. 어떻게 보면 사랑하는 사람은 남이다. 유행가 가사를 굳이 떠올리지 않아도 우리는 사랑을 했다가 이별하는 순간 남 혹은 남보다 더 못한 사이가 될 수도 있다는 것을 잘 알고 있다. 그렇기 때문에 우리는 사랑이 지속되는 그 순간 최선을 다해야 한다. 그래야 사랑이 끝나고 나서도 별다른 후회가 남지 않는다. 좀 더 잘 해줄 걸, 혹은 내가 더 잘 할 걸 같은 후회는 다들 알겠지만 지나고 나면 아무 소용이 없다.

세상에 거저 되는 일은 없다. 그리고 세상에는 공짜도 없다. 사랑도 마찬가지다. 왜 사랑에 있어서만큼은 거저 공짜로 이뤄지기를 바라는가. 사랑했다는 고백을 들었다고 해서 과연 그 이후의 모든 것을 다 안심해도 좋은 것일까? 불행하게도 사랑은 서로 스타트를 끊은 그 순간부터 끊임없이 무언가를 요구한다.

지금 아무것도 하지 않으면서 '왜 내 사랑만 이 모양일까? 혹은 내 사랑만 이렇게 힘든 걸까?' 하고 고민하고 있다면 당장 체크해보기 바란다. 과연 내가 사랑을 위해 무슨 노력을 얼마나 어떻게 했는지를. 그냥 그를 많이 사랑한다는 두루뭉술한 이유가 아닌 진짜 제대로 노력을 한 것들을 생각해보길 바란다.

혹자는 말한다. 노력 없이 사랑을 원하는 건 아마도 그녀가 게으른 탓일 거라고. 하지만 자신의 일에는 억척인 그녀가 유독 사랑만큼은 뜻대로 조절 안 되는 상황은 어떻게 설명할 수 있을까? 슈프림팀이 부른 '그땐 그땐 그땐'의 노랫말에서 우린 어쩌면 그 해답을 찾을 수 있을지도 모른다.

"사랑보단 안정감이 더 커서 마음만 아슬하게 걸쳐 있었을 뿐
내가 똑바로 서 있지 못하거나 불안한 모습 보인다거나
그럴 땐 누가 날 안아줄지 그땐 누가 날 안아줄지"

누군가에 의해서 그저 사랑이 채워졌으면 하는 심리는 의존심에서 비롯된다. 때로는 그 의존심은 사랑이란 허울로 우리의 눈을 덧씌우기도 한다. 물론 사랑하면 의존심이 생기는 건 지극히 당연한 일이지만 연인에게 지나치게 의존하면, 우린 수동적인 사랑밖에 느낄 수 없다. 즉 반 토막 사랑만

하게 되는 것이다. 그렇게 되면 결국 우리 안의 자율성은 고개를 숙이고 만다. 유독 연인 사이에서 의존심이 고개를 드는 이유를 "인생은 비스킷 통이다"라고 표현한 무라카미 하루키의 소설《상실의 시대》에서 찾을 수 있다. 비록 이 소설의 제목은《상실의 시대》지만, 나는 지금 우리가 살고 있는 이 시대를 감히《결핍의 시대》라고 말하고 싶다. 우리가 최초로 느꼈던 결핍이란 다름 아닌 굶주림이다. 그건 비단 맛있는 비스킷 따위를 먹고 싶은 배고픔만을 일컫는 건 아니다. 우리 모두는 최초로 만난 사랑의 모체인 엄마에게 배를 채우고 마음을 달래기 위해 의존한 기억이 있다.

하지만 체질적으로 타고난 마음속 그릇의 크기와 애정을 채워주는 엄마의 밥주걱 크기가 제각기 다른 탓에, 성인이 된 우리 사이의 굶주림의 차이 또한 제각각이 되어버렸다. 그래서 어떤 친구는 애인이 없어도 항상 잘 지내고, 또 다른 친구는 늘 사랑을 받아도 불만에 빠져 사는 것이다. 여기에 사랑이 뿌린 자욱한 새벽안개 같은 착시 현상까지 더해지면 상대에 대한 분별력은 더욱 떨어진다. 전이Transference 현상이라고도 일컫는 일종의 착각 현상은 예전에 미처 받지 못한 애정을 엉뚱한 다른 이에게서 받게 하는 비합리적인 보상심리의 원동력이 된다. 이런 현상이 일어나는 이유는 우린 태생적으로 결핍에 민감한 존재이기 때문이다. 하지만 우리의 이런 결핍을 마냥 비관할 수는 없다. 결핍이 없다면 우린 누군가를 찾지도 않을 테니까. 나도 부족하고 너도 부족하다는 점이 있다는 것을 서로 공감하며 보듬어줄 때, 우린 노력 없는 사랑이 그리 어색하지도 부끄럽지도 않을 것이다. 우린 사랑에 불완전할 수밖에 없으며 또한 그렇기 때문에 아름다움을 발할 수 있는 존재이기 때문이다.

왜 나는 주목받고 싶은 걸까?

다른 사람에게 주목을 받고 싶어 하는 욕구는 어쩌면 당연한 것인지도 모른다. 혼자 사는 게 아니라면 우리는 이왕이면 다른 사람들에게 주목을, 혹은 사랑을 받기를 원한다. 하지만 이것이 도가 지나쳐서 모든 사람에게 주목받고 싶고, 또 세상사람 모두에게 사랑을 받기를 원한다면 문제가 생긴다.

어떤 것이든 양면성이 존재하기 마련이다. 나를 좋아하는 사람이 있다면 나를 싫어하는 사람이 있을 수 있다. 내가 모든 사람들을 만족시킬 수는 없는 것이다. 심지어 연예인들조차 팬과 안티 팬이 존재한다.

세상 모든 이들이 다 나를 좋아하고 사랑해주기를 바라는 것은 환상에 불과한 일이다. 그렇다면 우리는 왜 이 환상에서 벗어나지 못하는 것일까?

그것은 모든 사람이 나를 사랑해야만 내가 가치가 있는 인간처럼 느껴지기 때문이다. 사랑을 받지 못하는 내가 존재할 이유를 찾지 못했기 때문이다.

언젠가 광적으로 자신을 드러내려는 욕구에 시달리는 아티스트를 본 적이 있다. 그녀는 깊은 나르시시즘에 빠져 있었다. '모두 나에게 반했지?'라는 글자를 이마에 써 붙인 것처럼 그녀의 자신감, 그리고 사람들에게 주목받고 싶어 하는 욕구는 필요 이상으로 강했다.

누군가에게 인정받고 싶다는 심리는 아기가 엄마에게 느끼는 가장 기본적인 감정에서 출발한다. 아기에게 있어 엄마는 자신의 모습을 비추는 거울이자 동시에 이 세상 모든 것이다. 그래서 아기는 엄마에게 인정받고 사랑을 받는 것으로 자신의 존재감을 확인하고 비로소 안심한다. 그러나 아기는 성장함에 따라 세상에는 엄마 이외에 다른 것들도 있다는 것을 알게 되고 나서 엄마와 정신적, 육체적인 분리 과정을 겪고 세상의 다른 것들과 조우를 시도한다. 장난감, 친구, 놀이 등을 통해 아이는 세상이 거대한 엄마로 이루어지지만은 않았다는 것을 배운다.

그러나 이때 엄마와의 정신적이고 육체적인 분리가 제대로 이루어지지 않은 사람은 육체적인 성장을 해도 정신적으로 영원히 성장하지 못하는 '어른 아기'의 상태에 머무르게 된다. 즉 엄마의 연장선에 있는 세상 모든 사람들에게 사랑을 받아야만 자신이 존재할 만한 가치가 있다고 느끼게 되는 것이다. 이 어른 아기는 '세상에 엄마도 있고, 다른 사람들도 있다'라고 생각하지 못한다. 이 세상은 여전히 거대한 엄마로만 이루어져 있고 그 세상에서 엄마에게 사랑을 받지 못하면 끊임없이 불안한 것이다.

자존감은 스스로가 자신에게 부여하는 것이다. 누군가가 나에게 '넌 가치가 있어'라고 인정해주어서 생기는 것이 아닌, 그냥 내 스스로가 나는 가치 있는 인간이고 존중받아야 할 인간이라고 생각하는 것이다. 만약 자존감을 외부에서만 확인받으려고 한다면 진짜 내가 아닌 모두를 만족시키기 위해 연기를 하는 나만 존재할 것이다. 다른 사람은 내가 마음에 들지 않으면 나에게 등을 돌릴 수도 있고 나를 싫어할 수도 있지만 내가 나를 사랑하는 것은 조건부가 아니다. 그것은 무조건이다. 이러이러하기 때문에 내가 나를 사랑하는 게 아니라 그냥 나라는 존재 자체를 사랑하고 인정하는 것이다. 스스로를 사랑하지 못한다면 남에게 받는 사랑 또한 갈증을 느낄 때 마시는 탄산음료와 같을 것이다. 탄산음료 같은 사랑은 당장은 갈증을 채워주는 것 같지만 얼마 가지 않아 마시기 전보다 훨씬 더 심한 갈증을 느끼게 한다.

세상 모두에게 인정받고 사랑받을 수는 없다. 이 다양한 세상, 그보다 더 다양한 사람들을 대체 무슨 수로 다 만족을 시킬 수 있겠는가. 모든 이성 친구들이 다 나를 좋아한다면 그건 어느 한 사람도 나를 제대로 사랑하지 않는다는 것과 다를 바 없다.

세상은 게임도 아니고 무대도 아니다. 하다가 싫증 나면 잠시 꺼둘 수 있는 것도 아니고 마음에 들지 않는다고 리셋 버튼을 눌러서 처음부터 다시 시작할 수도 없다. 그래서 우리는 못난 부분이 있고 마음에 들지 않는 부분이 있다 하더라도 나를 사랑하는 것이다. 그리고 좀 더 나은 내가 되기 위해 노력하는 것이다. 나를 사랑하는 일은 '그러므로'가 아닌 '그럼에도 불구하고' 사랑하는 일이다. 그리고 그것은 이런 못난 모습마저도 나를 이루는 많은 요소들 중 하나이므로 그것마저도 사랑하고 감싸는 것은 나밖에 해줄 수 없다.

타인에게 받는 관심과 사랑에는 한계가 있다. 그리고 그 한계는 곳곳에 도사리고 있다가 나를 공격한다. 그러나 내가 스스로에게 주는 사랑은 절대 나를 공격하지 않는다. 왜 너는 이런 모습이 아니냐고 탓하지도 않고 더 잘난 네가 되어야 한다고 말하지도 않는다. 사람들에게 받는 주목은 나의 모든 모습으로 인한 것이 아닌 특정 부분이 그들의 마음에 들었을 뿐이다.

사랑하는 데는 아무 이유가 없다고 말하는 사람들이 있다. 하지만 그건 완전히 잘못된 말이다. 타인을 사랑하는 것에는 분명 이유가 있다. 그러나 아무 이유 없이 사랑할 수 있는 사람이 세상에는 딱 한 사람이 존재한다. 그것은 바로 자기 자신이다.

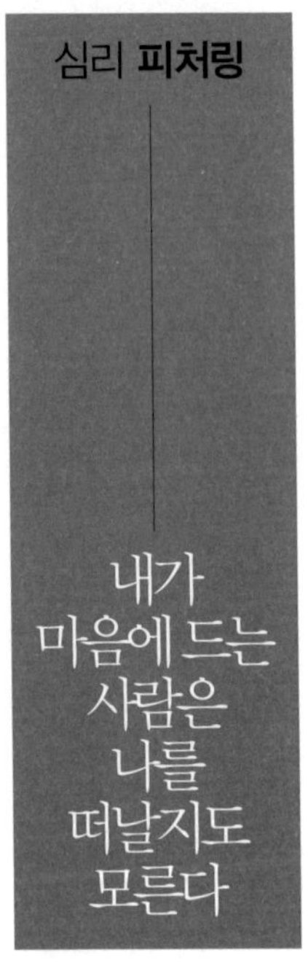

관심이나 주목받고 싶어 하는 심리가 남들보다 유독 강한 사람들에겐 몇 가지 공통점이 있다. 대체로 외모는 매력적이며 어떤 경우엔 절대 동안을 자랑한다는 것이다. 또 친근하고 따뜻한 첫인상으로 인해 사람들과 빨리 친해지는 편이다. 하지만 말투, 외모, 행동 면에선 과장된 면이 없지 않아 많은데 이는 내용의 진실성보다 감흥의 전달을 더 중요시하는 특성 때문이다. 그리고 그들에겐 무엇보다 '시선에 대한 공포와 갈구'가 동시에 공존한다. 동창회 같은 중요한 모임이라도 있는 날, 마음에 드는 옷이 세탁소에 가 있기라도 하면 그들은 주저 없이 그 모임을 포기할 정도다. 동창회 참석용으로 찍어둔 외출복이 세탁소에 가 있다는 사실은 적어도 그들에겐 동창회를 갈 수 없는 너무나 타당한 이유가 되기 때문이다. 또 그들이 은행에서 잡지를 보며 대기하고 있다고 하자. 그들의 눈은 비록 잡지를 향하고 있지만 실제로는 책을 보는 자신의 모습이 남에게 어떻게 비칠까라는 생각에 더 빠져 있다.

또 누가 봐도 섹시한 이들은 자태 또한 꽤나 이중적이다. 어쩌다 섹시한 그녀와 사랑에 빠지는 상대방 남자는 얼마 가지 못해 크게 당황할 일이 생긴다. 이들이 풍기는 섹시함은 친밀감이나 성적인 완숙과는 별로 관계가 없기 때문이다. 그녀들이 섹시하게 보이고 싶은 이유는 단 한 가지. 바로 상대에게 인정과 칭찬 혹은 보호를 받으려는 욕구 때문이다. 그래서 이들의 실제 성생활은 보기보다 미숙하며 불감증을 호소하는 빈도도 꽤 높다. 이들의 연애가 마치 외줄타기와도 같은 것도 바로 이런 특성 때문이다. 호감이나 열정 같은 감정선 자체가 몹시도 표면적인 탓에 이들은 시간이 지날수록 점차 친밀함에 자신을 잃어갈 뿐 아니라 오히려 불안정한 감정의 소용돌이로 빠져 들게 된다. 상대에게 끝없는 반응을 요구하는 이들의 집요한 성향 탓에 급기야 점잖은 상대마저 분노하게 만들기도 한다. 그녀 또한 이런 상대를 둔하고 매정하다며 실망한 채 분노에 빠지기 쉽다.

정신의학에서는 이들을 히스테리 성향의 소유자라는 표현으로 접근하는데, 소위 히스테리아Hysteria들이 관심과 주목에 굶주려 있는 데에는 크게 두 가지 이유가 있다. 첫 번째 이유는 실제로 연인들이 그녀에게 별 관심을 주지 않기 때문이다. 믿기 힘들겠지만 그녀들은 의외로 꼼꼼히 챙겨주지 못하는 연인을 선택하는 경향이 있다. 얼핏 감성적인 그녀들이야말로 진정 배려 깊고 센스 만점의 남자를 고를 것 같지만, 최종적으로 선택하는 남자들의 모습은 주로 수동적이고 무미건조하며 심지어는 고리타분하다는 인상까지 주는 남자들을 선택한다.

"선생님, 저는 가슴으로 사랑하고 싶은데 그 사람은 자꾸 머리로만 사랑하는 것 같아 화가 나 미치겠어요"라며 절규하면서도 그런 남성을 자꾸만 선택하는 여성의 이면에는 바로 그런 남자조차도 자칫 상실할지 모른다는 두려움 때문이다. 정말 멋진 남자는 자신을 냉정하게 차버릴지도 모른다는 불안이 항상 도사리고 있는 것이다. 그래서 이들은 진정 끌리는 남성보다 자신을 황송하게 여길 것 같은 남자와 사랑에 빠진다.

정신분석 이론에 따르면 그 불안은 어릴 적 아버지에게 느꼈던 애정욕구에서 비롯된다. 딸이 사춘기에 접어들면 그녀와 아버지는 서로에게서 풍기는 성적인 느낌 때문에 무의식적으로 불편함을 느낀다. 다 큰 게 징그럽다며 밀쳐내는 아버지의 태도로 인해 그녀들의 마음속엔 이성을 향한 친밀함에 대한 욕구가 좌절되어 어느새 방어막이 형성된 것이다. 그 결과 그녀의 마음속에는 "내가 마음에 드는 남자는 언젠가 떠날지도 모른다"란 생각이 남아 있는 것이다. 그래서 마음에 쏙 드는 남자는 선뜻 잡지 못하고 차이지 않을 것 같은 만만한 남자를 선택하는 것이다. 게다가 아버지에게 배운 또 다른 교훈은 "모든 성적인 느낌을 다 억압해야만 비로소 이성과 지속적인 관계를 맺을 수 있다"라는 암시이다. 그래서 겉은 예쁘장한데 말을 걸어보면 남자 못지않은 털털한 기질을 갖고 있거나 불감증이 많이 비치는 것도 바로 여성성을 거부하는 이들의 톰보이 기질 탓이다.

성적인 느낌을 주지 않으려면 결국 어린 딸로 남아 있는 수밖에 없다. 그러다보니 자연스럽게 스스로를 무력하고 의존해야만 하는 어린이로 착각하는 것이다. 심지어 그들은 자신을 멍청하고 별 매력이 없는 사람으로 여긴다. 대부분의 어린이들이 그렇듯 이들 역시 스스로를 만족시키는 능력이 부족하다. 그러다보니 타인으로부터의 관심은 그들의 삶에 필수적인 것이 된 것이다.

바로 이런 이유들 때문에 그녀들은 이성 간의 성숙한 사랑보다 유아적인 관심과 주목을 택하는 것이다.

왜 우리는 나쁜 남자에게 끌리는 걸까?

세상에는 두 가지 종류의 남자가 있다. 착한 남자와 나쁜 남자. 착한 남자는 먼저 고백하고 사랑을 하는 순간에도 여자에게 최선을 다한다. 나를 공주처럼 떠받들어주고 언제나 나에게 관심을 가져준다. 하지만 나쁜 남자는 그렇지 않다. 그들은 절대 먼저 고백하지도 않고, 설사 고백을 한다 하더라도 두루뭉술하게 해서 '이게 고백이 맞긴 맞는 건가?' 하는 생각을 갖게 한다. 나쁜 남자는 대게 바쁘다. 친구들과의 술 약속, 여러 가지 모임들, 그리고 회사 일까지 도저히 여자 하나만 바라볼 시간이 없다. 그리고 그들은 당장 만나는 그 자리에서는 너무나 달콤한 말로 여자를 만족시켜주지만 헤어지고 돌아서면 그뿐이다. 꼭 남과 헤어지는 것 같은 느낌이 들게 하는 남자, 그리고 다시 만날 수 있을까? 하는 의문이 들게 하는 남자, 그런 남자들이 대게 나쁜 남자다.

그 외에도 나쁜 남자의 특징은 여러 가지다. 팜므파탈은 아름답다란 이야기처럼 일단 그들은 외모에 있어 결코 남에게 뒤지지 않는다. 그리고 말을 무척 잘하는 달변가다. 아니 어디서 그런 달콤하고 예쁜 말들만 골라서 할 수 있는지, 아니면 어렸을 때 문학 소년이 꿈이었는지 여자에게 끊임없이 로맨틱한 말을 흘린다.

사람의 심리라는 것은 참으로 묘해서 나 좋다고 안달이 난 남자는 어쩐지 나보다 한 수 아래인 것 같고 내가 아깝다는 생각이 든다. 나쁜 남자에게 끌리는 여자의 마음엔 지배당하고 싶은 욕구가 내면에 자리 잡고 있다. 또 결코 내 것이 될 수 없다는 불안감이 여자로 하여금 나쁜 남자에게 끌릴 수밖에 없도록 만든다. 남자든 여자든 너무 손쉽게 자신의 것이 되면 금방 싫증을 느끼거나 아예 처음부터 마음이 열리지 않는 것을 한 번씩 경험해보았을 것이다.

그러나 나쁜 남자들은 서로가 관심이 있다는 것을 충분히 아는 상황에서도, 절대 여자에게 먼저 접근하지 않는다. 다른 남자 같았으면 사귀자는 말을 했을 법한데도 나쁜 남자들은 때를 기다린다. 그들이 사귀자는 말에 상대 여자가 '생각해볼께요' 같은 애매한 대답이 아닌, 오랫동안 기다려온 말을 드디어 들었을 때의 반짝이는 눈빛을 할 수 있을 때까지.

나쁜 남자들은 여자의 세세한 심리를 잘 파악하고 있다는 특징도 있다. 어떻게 해야 여자들이 반하는지, 그리고 만나지 않는 동안에는 어떻게 신경을 써줘야 여자들이 자신을 계속 사랑하는지, 그리고 만나는 순간만큼은 어떻게 최선을 다해야 하는지, 또 여자에게 어떻게 립서비스를 해야 하는지를.

흔히 나쁜 남자에게 끌리는 여자들은 연애에 어느 정도 자신이 있다고 자부하는 여자들이 대부분이다. 경험으로 보나 그 경험의 내용으로 보나 절대 연애 초보는 아닌데도 불구하고 이런 여자들은 대개 나쁜 남자에게 약하다. 왜냐하면 영원히 내 것이 될 수 없을 것 같고, 세상에서 가장 아름다운 말로 나를 녹여주는 순간이 끊임없이 반복되어 도무지 정신을 차리지 못하게 만들기 때문이다.

가만히 생각해보라. 나쁜 남자는 사랑한다는 말은 자주 하지만 사랑하기 때문에 어떻게 하겠다는 약속 같은 건 하지 않는다. 그들에게는 순간이 있을 뿐, 그 순간이 지나고 난 미래는 없다. 분명히 해둘 것은 나쁜 남자는 만나는 여자에게만 나쁜 남자라는 것이다. 진짜 나쁜 인간이여서 나쁜 남자가 아닌 오직 여자에게 있어서만 나쁜 남자이다.

그런데 이 나쁘다는 것 또한 성질이 못돼먹었다거나 여자에게 함부로 막 대하는 것을 말하는 것이 아니다. 오히려 착한 남자들이 하듯 여자에게 지극정성을 다하는 것처럼 보인다. 다만 착한 남자는 만날 때나 헤어져 있을 때나 똑같이 그 마음을 유지하지만 나쁜 남자에게는 순간의 진실만 있을 뿐이라는 것이다. 자주 연락도 되지 않고, 어쩌다 연락이 되면 늘 술자리에 있는 남자. 하지만 그 순간을 놓치지 않고 달콤한 사랑의 말을 건네는 것에는 인색하지 않다. 그래서 여자의 불안과 걱정을 슬그머니 내려놓게 만든다. 그들은 여자들이 얼마나 말에 약한 존재인지 또 얼마나 대화를 중요하게 여기고 서로 공감하기를 바라는지 너무 잘 알고 있는 것이다. 그래서 여자의 입맛에 딱 맞는 얘기들만 해준다.

여자와 어떻게 만남을 가져야 하는지 너무도 잘 아는 그들은 여자를 꼼짝 못하게 옭아맨다. 그러면서도 정작 자신은 그 어디에도 얽매이지 않는다. 그들이 얼마나 로맨틱한 말을 잘하는지는 상상을 초월한다. 여태 어떤 남자에게도 들어본 적 없는, 막연히 남자에게 듣고 싶었던 말들을 그들은 조금의 망설임도 없이 쉽게 내뱉는다. 그러나 그들에게 있어 말이란 그들이 여자를 만나고 그녀들을 좌지우지할 수 있는 최고의 수단이기 때문에 툭 하고 내뱉지는 않는다. 그리고 이런 나쁜 남자에겐 가장 중요한 사랑이 없다. 그들은 사랑 없이도 얼마든지 사랑하는 사람들 사이에서 하는 표현보다 더 사랑스러운 표현을 구사할 줄 안다. 많은 여자들이 남자를 만날 때 여자를 만나본 경험이 별로 없는 남자는 싫어하는 경향이 있다. 왜냐하면 그들은 우리의 입맛에 딱 맞는 얘기를 할 줄도 모르고 데이트 코스도 늘 '어디 가지?' 하면서 우왕좌왕하기 때문이다. 대부분 여자들은 이런 남자에게는 크게 매력을 느끼지 못한다.

한 가지 이상한 것은 남자를 자신의 마음대로 컨트롤하고 싶어 하는 여자일수록 오히려 나쁜 남자에게 잘 끌린다는 점이다. 처음으로 누군가가 자신을 조정해주는 행복한 구속감을 느끼기 때문이다. 그러나 나쁜 남자들은 여자들이 부담을 느끼거나 거부감을 느끼기 딱 이전까지의 구속만 한다. 쓸데없이 일찍 들어가라는 잔소리도 하지 않고 누구와 여태까지 뭘 했느냐고 추궁하지도 않는다. 대신 사랑한다는 말을 자주 하고 함께 있지 않아도 늘 내 마음 안에는 네가 있다고 말한다.

나쁜 남자와의 연애는 실로 달콤하다. 하지만 그 달콤함 속에는 그 어떤 것도 없다. 그들에게 있어 여자란 단지 즐기는 상대일 뿐이고 이왕이면 여자가 아무런 불만도 토로하지 못하도록 말로 원천봉쇄를 하거나 완전 무장해제 상태를 만드는 것뿐이다.

너무도 세련된 데이트 코스로 낭만적인 시간을 보내게 하고 사랑스러운 말들로 여자를 혼미하게 만드는 남자, 사랑이 아닌 그저 함께 시간을 보낼, 그러면서 뒷탈은 걱정하지 않아도 되는 여자가 필요한 이런 남자와 이래도 연애하고 싶은가?

세상에 완벽하고 완전한 사랑과 사람은 없다. 어색하고 서툴다고 해서 사랑이 아닌 것도 아니다. 그러나 세련된 빈 껍질보다는 차라리 촌스럽고 어눌하더라도 진심이 담겨 있는 사랑이 진짜 사랑이 아닐까?

심리 **피처링**

진정 아파야 사랑할 수밖에 없는 사람들

《날 괴롭혀도 좋아, 버리지만 말아줘Torment Me, But Don't Abandon Me》란 어느 정신분석가의 책도 있듯이, 괴롭힘을 당하면서도 사랑을 갈구하는 피학적 성향Masochism은 우리 모두의 마음에 어느 정도 내재되어 있다. 단 정상이냐 병적이냐 하는 것은 자신을 망가뜨리면서까지 의식적 혹은 무의식적으로 희열을 느끼는 정도의 차이일 뿐이다.

나쁜 남자에게 끌려서 고생하는 여성들을 보면 평소 연애에 대한 가치관이 거의 비슷하다. 그녀들은 무의식적으로 연애를 다소 경망스럽고 천박한 것으로 여기고, 섹스는 19금의 싸구려 B급 에로물쯤으로 생각한다. 이런 사람들은 연애를 하더라도 나쁜 남자에게 말려드는 관계가 형성될 가능성이 높다. 왜냐하면 그녀들 내면에 자리 잡은 규율의 문턱이 너무 높아 소위 도덕적 피학증Moral Masochism이란 마음의 감옥에서 벗어나기 어렵기 때문이다. 연애나 섹스를 받아들이기에 이들은 너무나 도덕적으로 미숙한 잣대를 갖고 있으며 마치 도둑질이라도 한 것처럼 해서는 안 되는 일에 몰두하는 건 아닌지 스스로 긴장하는 것이다. 늘 막연하고 부적절한 죄책감을 안고 만남에 응하다보니 애인과 있어도 행복하다는 느낌을 만끽하지 못하고 섹스에서 응당 느껴야 할 오르가즘조차 두려움의 대상이 된다. 그래서 그들에게 연애 감정이란 불안을 안겨주는 마음의 빚으로 남는다. 어떤 빚이든 갚아야 한다는 것이 착한 그녀들의 평소 신조이기 때문에, 어느 정도 고통을 주는 애인이야말로 연애가 빌려준 쾌락의 빚을 청산할 수 있는 제격의 인물인 것이다. 의외겠지만 그녀들에겐 나쁜 남자에게 받는 고통은 성적 희열이 되고 증오는 사랑이 된다. 진정 아파야 사랑할 수밖에 없는 그녀들의 초라한 변명이라고 할까. 이런 면은 정신과 치료를 받을 때조차도 고스란히 드러난다.

처음 몇 번의 치료시간엔 담당 의사에 대한 호감이 극에 달한다. 마치 세상에서 가장 좋은 의사를 만난 것 같은 행복감을 느낀다. 하지만 시간이 지날수록 이상적이라고 생각한 의사는 점차 실망스러운 모습으로 변한다. 심지어는 의사에게 버림받을 것 같은 불길한 예감에 휩싸여 결국엔 은근히 의사를 나쁜 사람으로 만들어버리기도 한다. 의사-환자뿐 아니라 가까워져야 할 연인 간의 평화로운 관계조차 나쁘게 변질시키는 힘, 이것이 바로 피학적 성향이 가지는 마력이다. 이런 마력은 스스로에게만큼은 이해받고 도움받는 꼴을 못 봐주는 잔혹한 가학성Sadism에서 나온다.

피학 성향이 강한 사람들은 예외 없이 가학 성향을 지니고 있다. 어린 아이들에게 자주 화를 내고 체벌을 가하는 매 맞는 아내가 그 전형적인 예다. 이런 그녀들이 난폭하거나 무능한 남자에 비해 의외로 착하고 수더분해서 가끔 놀랄 때가 있다. 몸과 마음이 썩어 문드러지기 일보직전인 그녀들이 상대의 잔인한 태도를 방관하는 것은 바로 도덕적 우월감Sense of Moral Superiority이 안겨주는 쾌감 때문이다. 뱀파이어와 인간의 러브 스토리를 다룬 영화 〈뉴 문〉에서 주인공 벨라는 뱀파이어인 에드워드에게 얘기한다. "아무리 다른 사람들이 널 뱀파이어라고 비난할지라도, 난 널 절대로 비난하지 않을 거야"라고. 극중 그녀의 대사처럼 나쁜 남자의 애인들은 그를 언제까지나 감싸려고 한다. 왜냐하면 다른 사람들이 싫어하는 그 누군가를 참을성 있게 도와주는 자신의 모습을 발견할 때만 비로소 그녀들의 자존감은 유지되기 때문이다.

왜 나는 먼저 다가가지 못하는 걸까?

"마음에 드는 남성이 있다면 어떻게 접근해야 할까요?"

이 질문은 내가 여성지에 글을 기고하면서 독자들에게 가장 많이 받는 질문이다. 서로서로 눈이 맞아서 누가 먼저랄 것도 없이 연애가 시작된다면 가장 좋겠지만 대부분의 연애는 둘 중 한 명의 대시로 이루어진다. 그리고 그 대부분은 남자인 경우가 태반이다.

대부분의 여자들은 짝사랑은 할망정 마음에 드는 남자에게 먼저 다가가지 못한다. 그것은 어쩐지 오랜 연애의 전통에 어긋난 것 같고, 또 한편으로는 지고 들어가는 게임처럼 자존심이 허락하질 않는다. 그래서 어렵사리 발견한 마음에 드는 남자가 마침 사귀자는 뉘앙스를 풍기면 만남은 성공하는 것이고 그렇지 않으면 그냥 '괜찮은 사람'으로 마침표를 찍게 된다.

대부분의 여자들이 연애나 일에 있어서 그렇게나 남녀평등을 부르짖으면서도 아직까지 대시는 남자가 먼저 해야 한다고 생각하는 이유는 뭘까? 여자가 대시하는 것은 어딘가 모르게 어색하며 설령 대시했다가 퇴짜라도 맞는 날이면 망신스럽다는 이유가 많았다.

그렇다면 남자는 어떨까? 그들은 마음에 드는 여성에게 접근하는 것이 우리보다 훨씬 수월할까? 절대 그렇지 않다. 친구들과 함께 우르르 몰려 있다가 마음에 드는 여성에게 대시하는 경우를 생각해보자. 그러면 십중팔구 그 당사자가 아닌 다른 친구가 대신해서 말을 건넨다.

'저, 저기 앉은 제 친구가 그쪽이 마음에 든다고 하거든요'

그렇다. 그들도 난생처음 보는 여자에게 자신의 마음을 고백하는 것이 쉬운 일은 아니다. 그나마 남자들은 연애에 있어 상담을 제외한 결정적인 행동은 친구들의 힘을 빌릴 수 있다. 하지만 여자들은 그렇지 않다. 친구를 대신해서 고백을 해주지도 않고 말을 걸어주지도 않는다. 연애가 시작되고 연애 상담은 할망정 그런 일을 도맡아 해주는 친구는 존재하지 않는다. 그렇다면 우리 여성들은 왜 마음에 드는 남자가 있음에도 불구하고 용기 내어 다가서지 못하는 걸까?

한마디로 말하면 거절에 대한 두려움 때문이다. 힘들게 용기를 내서 말을 걸었는데 상대가 뜨악한 표정으로 쳐다보기라도 한다면, 그리고 단도직입적으로 '난 댁한테 관심이 없는데요?' 같은 말이라도 들으면 어쩌지? 하는 생각 때문이다. 생각만 해도 창피함에 얼굴이 달아오를 것이다.

그리고 또 한 가지 이유는 쉬워 보이는 여자로 보이는 것이 두렵기 때문이다. 여자가 먼저 대시를 하거나 말을 걸면 몹시 놀아본(?) 여자 같은 느낌을 줄까 봐 겁을 먹는 것이다. 이건 아무리 남자 앞에서 말도 잘하고 떨리거나 하는 일이 없다는 여자들의 말을 들어봐도 마찬가지다. 여자들은 여자들 스스로를 굉장히 조신하게 보이고 싶어 한다. 설사 톰보이 기질이 있는 여자라 할지라도 남자 앞에서만은 전통적인 여성상 그대로를 유지시키고 싶은 것이다. 하지만 마음에 드는 남자가 알아서 말을 걸어오거나 마음에 든다고 하는 일은 그렇게 흔하게 일어나는 일이 아니다.

한때 쿨함이 온 나라를 뒤흔든 적이 있었다. 그러나 그때도 여자가 남자에게 먼저 '사귈래?'라고 말하는 것은 금기시되다시피 했다. 이미 사귀면서 쿨할 수는 있고, 헤어지면서 쿨하게 헤어질 수는 있지만 시작만큼은 도무지 쿨함을 써먹을 수가 없었다.

그러나 우리 이제 생각을 바꿔보자. 그쪽이 마음에 들어서 만나고 싶다는 말을 어떤 식으로 표현하든 중요한 것은 누가 먼저 그 표현을 하느냐 하는 것이다.

커피숍에 각 테이블마다 전화기가 있는 것이 유행인 시절이 있었다. 그러면 커피숍에 온 손님들은 마음에 드는 상대가 앉은 테이블에 전화를 걸곤 했다. 그러나 그때도 역시 전화를 거는 것은 남자였고, 전화를 기다리거나 전화를 받는 것은 여자였다.

나에게도 마음에 드는 남자에게 말 한마디 건네지 못한 기억이 있다. 정말 마음에 들었음에도 불구하고 나는 그 남자에게 사귀고 싶다, 혹은 만나보고 싶다는 말을 하지 못했다. 그저 주변 사람들만 다 눈치를 챌 정도로 짝사랑만 했을 뿐이었다. 그러던 어느 날 기적과 같은 기회가 왔다. 그와 단둘이 있게 된 것이다. 그때 나는 너무 어색해서 그냥 커피 잔만 계속 만지작거렸었다. 고백할 기회인데, 지금이 가장 좋은 순간임에도 불구하고 아무 말도 하지 못하고 그가 하는 엉뚱한 얘기들을 듣고만 있었다. 그리고 그 다음날 그는 새로운 여자 친구를 만났다. 사실 그도 나에게 마음이 있었는데 내 수동적인 태도 때문에 자기에게 관심이 없는 줄 알았다고 했다.

그러고 보면 여자들은 마음에 드는 상대가 나타나면 잘 해주기보다는 오히려 자신의 마음을 들킬까 봐 관심 없는 척하는 경우가 대부분이다. 요행히 남자들이 그 마음을 헤아려서 먼저 사귀자고 말해준다면 정말로 감사한 일이겠지만 그들은 우리처럼 마음에 숨은 뜻 같은 걸 헤아리는 것에는 별로 소질이 없다. 그러다 상대가 반응이 없으면 쉽게 포기를 한다.

결국 거절에 대한 두려움이, 그리고 혹시 나를 가벼운 여자, 쉬운 여자로 보지 않을까 하는 걱정들 때문에 우리는 아무 말도 하지 못하고 그저 바라만 보는 쪽을 선택하는 것이다.

하지만 거절이 그렇게 견디지 못할 일일까? 어쩌면 이 두려움은 내가 마음에 드는 상대 역시 나를 마음에 들어 해야만 한다는 공식에서 벗어나지 못해서는 아닐까? 지금껏 사귄 남자들을 생각해보자. 단 한 번이라도 내가 먼저 그들에게 사귀자고 말한 적이 있는지, 그리고 내가 먼저 다가선 적이 있는지를 말이다. 어쩌면 남자들 중에서도 우리처럼 누군가가 다가와주기를 기다리는 남자가 있을지도 모른다. 그들 역시 우리처럼 거절이 두려워서 또는 용기가 없어서 아무 말도 하지 못하는 것일 수도 있다. 고백은 언제나 반반의 가능성을 가진다. 상대가 수락하는 경우 그리고 상대가 거절하는 경우.

이제 그만 거절에 대한 공포에서 벗어날 때가 왔다. 그리고 대시는 남자가 먼저 해야 한다는 연애의 정석도 깨부수어야 할 순간이 왔다. 마음에 드는 사람이 있는데 말 한마디 건네지 못해 그냥 놓쳐버리는 일은 더 이상 자연스러운 일이 아니다. 설령 거절을 당할지라도 그래서 처음에는 약간의 자존심에 상처를 입을지라도 마음에 드는 남자가 있으면 먼저 다가서는 적극성을 보이자.

많은 것들의 가치관이 달라지고 있다. 그럼에도 불구하고 첫 고백은 여전히 남자의 몫으로만 남아 있다. 언제까지 선택당할 날만 기다리며, 마음에 드는 사람을 눈앞에서 놓칠 생각인가. 살다보면 누구나 거절을 당할 수 있다. 거절에 대한 두려움과 전통적인 연애의 가치관에서 벗어나 생각해보면 우리가 선택을 당하는 입장이 아닌 스스로 누군가를 선택할 수 있을 때 진정한 관계, 사랑으로 발전할 수 있다는 것을 알게 될 것이다.

심리 **피처링**

내 안의 소외감이 연애와 멀어지게 하다

연애의 기회는 매우 다양한 곳에서 생긴다. '도서관에서 만난 사이'을 비롯하여 '소개팅'이나 '미팅' '인터넷 채팅' '길거리 헌팅' '나이트 부킹'과 같은 기회가 그것이다. 하지만 우리 대부분은 이런 수많은 기회들을 십분 활용하지 못한다. 주변에는 기가 막힐 정도로 사랑을 잘 엮어내는 친구들 한두 명은 꼭 있다. 부러우면 지는 거라고 했지만 이 분야만큼은 그런 친구들이 마냥 부러웠을 것이다. 딱히 고백이 힘든 이들에게는 이길 묘안이 없기 때문이다.

하지만 이런 친구들은 다행히 극소수에 지나지 않는다. 낯선 이성과의 첫 만남 앞에선 그저 서투를 수밖에 없는 것은 지극히 정상이다. 심지어 첫 만남의 상대가 안방까지 멍석을 깔아줘도 저 멀리 대문 앞에서 서성이고 있는 부끄럼쟁이들 또한 부지기수다. 연인 관계로 진입조차 하지 못하는 그들이 극복해야 할 첫 번째 장벽은 바로 '거절에 대한 두려움Rejection Fear'이다. 그 뿌리는 과거의 소외당했던 기억에서부터 시작되었을 수 있다. 발달 심리학자였던 에릭슨E. H. Erikson도 청춘 남녀들이 필히 극복해야 할 감정을 소외감으로 꼽을 정도다. 소외감이 해결되지 못하면 연애를 포함한 대인 관계가 위축될 뿐 아니라 더 성숙할 여지도 희박해진다. 이론과 실전에 모두 강한 소위 연애박사들조차도 예외는 아니다. 개중엔 그저 고통스런 소외감에서 회피하기 위한 방편으로 연애에 몰두해버린 사람도 있다.

하지만 그런 연애의 종말은 대부분 썩 좋지 못하다. 왜냐하면 사랑의 첫 단추부터 엉뚱한 곳에 꿰어지기 때문이다. 이들은 자신이 얼마나 사랑받을 만한 가치가 있는지 확인받기 위해서 연애를 한다. 그러니 상대방과 공감하며 나누어야 할 애정에는 별 관심이 없고 그럴 여력조차 없는 것은 어쩌면 당연한 것이다.

알프레드 아들러Alfred Adler라는 심리학자는 출생 순서가 소외감을 느끼는 정도에 영향을 준다고 했다. 일곱 형제 중 둘째로 태어난 아들러 박사의 주장은 우리 주변의 아는 사람 몇 명만 떠올려봐도 절로 타당하다는 느낌이 든다. 특히 맏이와 막내에 비해 상대적으로 사랑받지 못했다고 느끼는 둘째들은 소외될 만한 상황을 더욱 싫어한다. 대체로 방임되었다고 생각되는 고통스런 기억이 많기 때문이다. 그래서 어떤 사람들은 연애 관계에서 쉽게 서운함을 느낀 나머지 극단적인 분노 표현과 지나친 잠수생활을 오간다. 하지만 모든 둘째들이 그렇다는 것은 아니다. 마음에 드는 이성이 생기면 자연스럽게 친해지는 둘째들도 많다.

거절의 공포를 극복하는 데 있어 출생 순서보다 더 중요한 마음의 힘은 바로 친밀감이다. 친밀감을 가질 수 있는 능력은 자신에 대한 불안정한 느낌 그리고 자신이 사랑을 나누기에 모자란다는 의구심과 반비례한다. 또한 정서적 따뜻함이 인간 관계에서 가지는 힘을 확신하면 할수록 그 능력은 비례하게 된다. 이렇게 친밀감을 높이는 마음가짐을 가지려 노력하다보면, 거절에 대한 공포는 확신으로 바뀌어 상대방에게 쉽게 다가설 수 있을 것이다.

before love 1

왜 드라마를 보면 우울해지는 걸까?

케이블 채널과 초고속 인터넷은 이전과는 또 다른 드라마 전성시대를 낳았다. 드라마가 영화보다 나은 점은 비단 영화관을 찾지 않아도 되는 접근의 용이함뿐만은 아닐 것이다. 드라마는 사랑 고민에 빠진 등장인물을 보며 '다른 사람들도 나처럼 비슷한 고민을 하는구나'라는 일종의 동질감을 느끼게 해 작은 위안을 주고, 등장인물들이 우리와 같은 시간대를 살아가고 있다는 느낌을 주어 외로움을 달래준다. 또 우리가 항상 궁금하고 불안해하는 미래 앞에선 잘난 그들조차 무기력한 존재라는 걸 알게 하고, 드라마가 회를 거듭함에 따라 점차 갈등이 해소되고 아픔이 극복되는 모습을 통해 '우리 또한 그럴 수 있겠다'라는 일말의 희망을 안겨다주기도 한다.

그런데 한 가지 재미있는 사실은 재미있으니 꼭 한번 보라고 추천받은 드라마들이 어떨 땐 하나같이 눈이 들어오지 않는다는 것이다. 반대로 내가 재미있게 본 드라마 스토리를 친구들 앞에서 열변을 토할라치면 이내 시큰둥해지는 반응에 당황스러웠던 경험 또한 있을 것이다. 그래서 저녁 황금시간대가 되면 누가 채널의 주도권을 잡을 것이며 누가 '인터넷 다시보기'의 희생양이 될지 집안은 온통 갑론을박의 장이 된다.

이런 현상은 인터넷에서도 마찬가지다. 말도 안 된다며 혹평을 듣던 드라마의 시청률이 어쩌다 높아지기라도 하면, 관련 커뮤니티 사이트들에서는 찬반 의견 데이터가 넘쳐나는 통에 서버가 일체 마비되기도 한다. 이런 현상이 생기는 이유는 간단한다. 그건 바로 우리가 원하는 드라마 채널이 사람마다 제각기 다르고, 심지어 같은 사람일지라도 시간이 지남에 따라 그 취향 또한 달라지기 때문이다.

그래서 자신의 감성에 꼭 맞는 드라마만 방송되는 심야 채널이 비로소 탄생하게 된다. 이 심야 드라마는 등장인물의 캐스팅에서부터 스토리까지 죄다 자신의 아이디어로 만들어간다는 특징이 있다. 누구나 가지고 있는 이 드라마 채널의 이름은 바로 '꿈'이다.

꿈은 일종의 자가 치유 기능을 갖고 있다. 그 덕에 우린 깨어 있을 때 마음속에 쌓아둔 불안과 우울 같은 마음의 짐을 비로소 풀 수 있게 된다. 그래서 우린 꿈을 꿀 수 있다는 사실에 감사해야 한다. 비록 그 꿈이 악몽일지라도 말이다. 꿈의 언어는 시공을 초월하고, 난해한 변장을 한 채 우리 앞에 나타나다보니 꽤 낯설고 기괴하다. 이유는 일반 방송국처럼 우리가 눈치 못 챌 만큼 그들을 각색하는 검열 기능이 있기 때문이다. 무의식에 있는 공격적 혹은 성적인 욕구들은 원색적이기 그지없어서 그냥 보았다가는 잠에서 깰 정도로 자극적인데, 이런 검열 기능 덕분에 우린 무사히 잠을 잘 수 있을 뿐 아니라 다음 날 열심히 하루를 시작할 수 있는 힘을 얻기도 한다. 이러한 각색 및 검열 작업을 프로이트는 꿈 작업Dream Work이라 했다. 소위 '막장 드라마'가 인기를 얻을 수밖에 없는 이유 또한 드라마에서 보이는 모습들이 정신없이 펼쳐지는 꿈과 유사하기 때문일 것이다. 우연인지는 몰라도 꿈Dream이란 단어의 어원 또한 드라마의 어원과 비슷한 뜻을 갖고 있다. 그중에서 '거짓됨' '고통을 주는 것' '생기를 불러일으키는 음악 연주' 등은 꿈이란 단어의 어원이 담고 있는 아주 흥미로운 의미다. 드라마Drama의 어원인 Dramatos가 '연극, 연기'의 뜻을 담고 있다는 걸 고려하면, 꿈은 어쩌면 우리가 능동적으로 만들어나가는 우리만의 드라마일지도 모른다.

그래서 많은 정신 분석가들은 소위 '개 꿈'이란 없다고 한다. 이들의 의견에 따르면 꿈에 등장하는 주인공뿐 아니라 심지어 엑스트라까지 모두 다 중요하다. 왜냐하면 그들 모두가 여태껏 숨겨온 또 다른 우리의 모습일 수 있기 때문이다. '사이코 드라마'란 치료기법은 바로 이런 꿈의 치료원리를 이용한 것이다. 비록 꿈에서는 황당무계한 인물과 공간을 통해 자신이 억압해왔던 욕구나 감정을 방출시키지만, '사이코 드라마'에선 실제로 갈등이 되는 주제와 대상을 정하고 안전한 분위기 속에서 감정 표현을 유도해낸다. 그래서 명확하게 본인의 억눌린 감정을 토해내고 알게 해 치료 효과가 발생하는 것이다.

혹시나 TV 드라마를 보면 괜히 슬퍼지고 우울해진다면, 그건 마치 사이코 드라마를 통해 우리가 치료되는 것과 매우 유사한 상황이다. 드라마가 나의 마음을 치유하는 데 도움이 되는 것이다.

정신 건강의 핵심은 의미 없는 즐거움보다는 정서의 균형에 있다. 사랑 혹은 이별이란 강력한 회오리에서 우린 항상 균형을 찾기 위해 노력해야 한다. 우울 또한 마찬가지다. 피할 것이 아니라 오히려 껴안아 받아들이고 충분히 슬퍼해야만 우린 바닥을 치고 올라올 수 있다. 비록 남들이 재미없고 슬프기만 하다며 외면하는 드라마라 할지라도, 내 몸과 마음이 끌린다면 개의치 않고 원 없이 보길 바란다. 보다가 눈물이 나오면 펑펑 울어야 한다. 그러다보면 어느덧 그 드라마에 별 감흥을 느끼지 못할 때가 찾아온다. 그때야말로 비로소 사랑의 아픔을 딛고 일어설 때가 찾아왔다는 뜻이다.

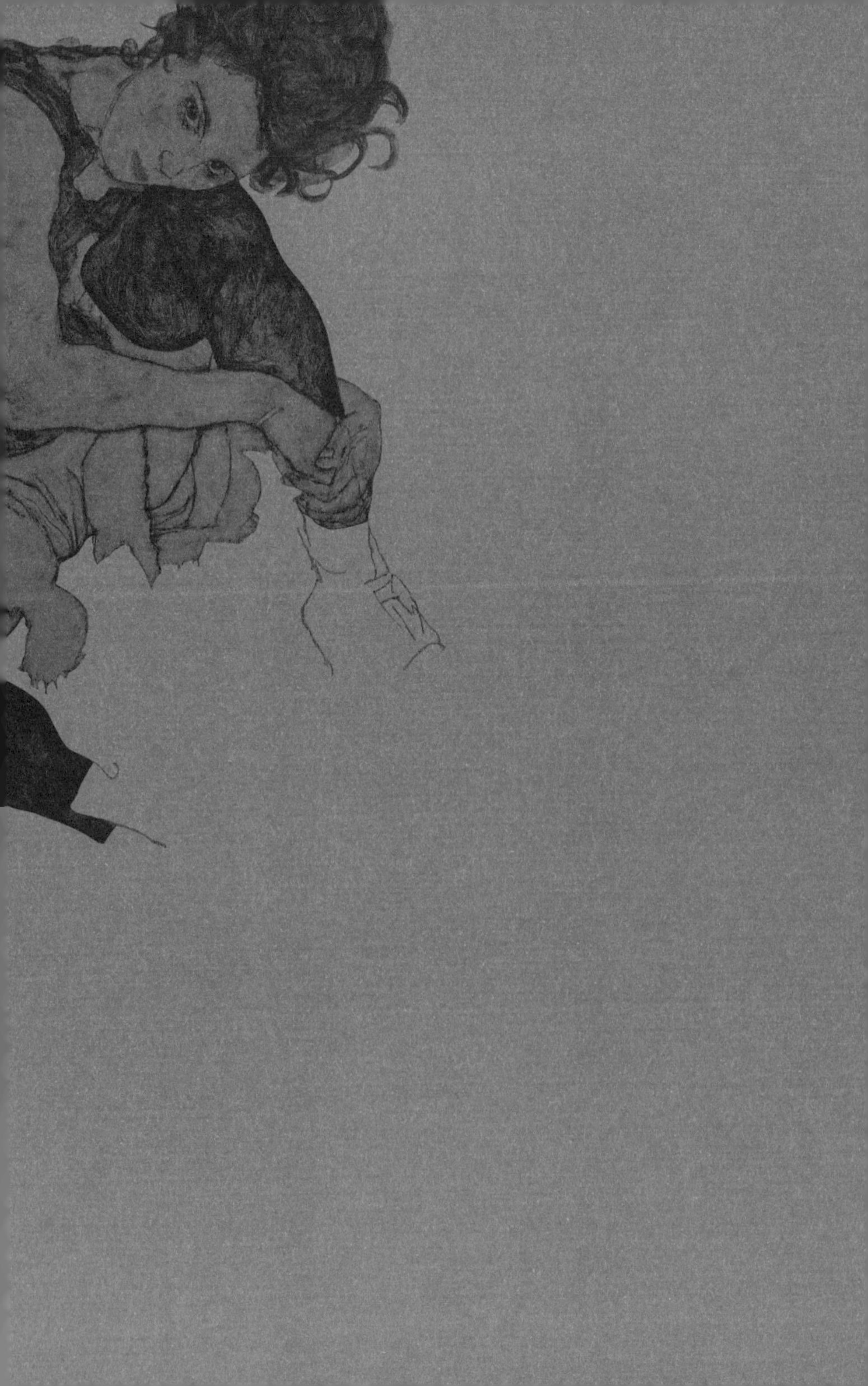

chapter 02

아무도 울지 않는 연애는 없다

왜 우리는 연애를 하면서도 우울한 걸까

왜 사랑하는 사람이 있어도 다른 사람이 보일까 ?

친구 A양의 이야기를 잠깐 해볼까 한다. 그녀는 심각하고 제대로 된 연애를 하면 바람을 피웠다. 만약 그녀가 바람을 피우지 않는다면 그건 그녀의 입장에서 볼 때 제대로 된 연애를 하는 게 아니라 그냥 가볍게 데이트만 즐기는 연애에 불과했다.

언젠가 그녀와 이 문제에 대해 심각하게 이야기한 적이 있었다. 대체 그녀는 왜 괜찮은 연애를 할 때마다 바람을 피우는 것일까?

그녀는 사랑에 빠지면 항상 불안하다고 했다. 혹시 이 사람이 나를 버리고 떠나지는 않을까, 행여 다른 여자에게 반해서 자신과 헤어지자고 하는 건 아닐까. 이런 불안한 생각에서 벗어나기 위해 바람을 피운다고 했다. 그리고 또 한 가지. 그녀는 자신이 상대방을 너무 사랑해버리면 상대방이 자신의 사랑에 질식하게 될까 봐 그런 마음을 분산시키는 방법으로 바람을 피웠다. 상대에게 감정적으로 너무 많은 부분을 기대려고 하는 것을 미연에 방지하려는 것이다. 물론 이 모든 방법은 그녀가 오랜 연애를 통해 스스로 얻은 노하우다. 하지만 그렇게밖에 문제를 해결할 수 없는 것일까? 좀 더 근본적인 해결책은 없는 것일까?

사랑을 하면 오로지 그 사람만 눈에 보이는 시간이 있다. 다른 모든 것들은 페이드아웃이 되고 오직 그 사람과 그 사람을 향한 내 마음만 눈에 보이는, 그래서 다른 것은 아무것도 문제가 되지 않는 시간. 그러나 그 시간은 그렇게 오래가지 않는다. 곧이어 새로운 불안이 엄습한다. 상대가 나를 정말로 사랑하는 것인지, 혹 상대가 다른 사람을 만나는 것은 아닌지, 그리고 내 사랑이 그에게 적합한 정도의 무게를 지니고 있는지.

바람을 피우는 것은 분명 옳은 일은 아니다. 굳이 건강한 바람이 있다고 생각한다고 해도 A양의 경우는 건강한 바람이 아니다. 불을 꺼보겠다고 하면서 기름을 더 붓는 격이나 다름없다.

새로운 사람에 대한 호기심이 생기는 것은 사랑하는 사람이 있다 하더라도 충분히 있을 수 있는 일이다. 하지만 지금의 사랑이 주는 불안감을 잠재우기 위해 다른 사람을 만나는 것은 위험한 일이다. 문제 해결 방안을 그 문제 자체에서 찾지 않고 다른 무언가를 끌어들여서 희석시키는 방법은 진정한 해결책이 되지 못한다. 물론 잠시 동안은 효과를 발휘할 수 있지만 어디까지나 임시방편에 지나지 않는다.

A양에게 필요한 것은 상대에 대한 믿음을 갖는 것도 중요하지만 그보다 우선 자신에 대한 믿음이 중요하다. 보통 사랑을 하면 나 아닌 상대를

믿는 것이 중요하다고 생각하지만 그렇지 않다. 자신에 대한 믿음과 자신감이 없이 시작하는 사랑은 결국 A양처럼 모든 탓을 상대에게 돌린 채 엉뚱한 곳에서 해결책을 찾는 결과를 초래한다.

사랑을 하다가 헤어질 수도 있다. 늘 이별을 준비하라는 말은 아니지만 그렇다고 해서 절대로 헤어질 수 없다고 생각하는 것은 잘못된 생각이다. 헤어지지만 않을 수 있다면 어떤 일이든 할 수 있다고 생각하는 그 순간부터 실은 우리는 아무것도 하지 못하는 것이나 마찬가지기 때문이다.

만약 A양이 자신을 믿었다면 불안감 때문에 바람을 피우지는 않을 것이다. 그리고 자신이 주는 사랑이 상대를 숨 막히게 한다고 착각하지도 않을 것이다. 상대가 그런 말을 하지도 않았는데 스스로 그렇게 미리 지레짐작을 하고 그 예방책으로 다른 남자를 선택한다는 것은 구더기 무서워 장을 못 담는 게 아닌, 아예 구더기를 애완용으로 기르며 그 무서움을 극복해보겠다는 것과 마찬가지다. 문제를 잘못 파악한 데서 비롯된 문제 해결은, 결국 그 해결책마저도 잘못된 것일 확률이 높다.

그녀는 무엇보다 자신이 사랑받을 만한 가치가 있는 사람이라는 것을 자각하지 못했다. 모든 남자를 다 믿을 수 없다는 것은 그 사랑의 주체가 되어 빠짐없이 등장하는 자신이라는 주인공을 믿지 못하는 것과 같은 얘기다. 이 자존감 없는 사랑은 결국 어떤 사람을 만나 어떤 사랑을 하든 자기 자신을 불행하게 만든다. 자신은 사랑을 받을 자격이 없다는 두려움은 결국 그 사람이 언젠가는 자신을 떠나게 될 것이라는 불안감을 만들고, 이 불안감에서 스스로 벗어나보려고 노력하다보니 정답과는 점점 더 멀어지는 오답으로만 가득한 사랑을 하게 되는 것이다.

사랑에 믿음이 없다면 그 사랑은 순식간에 끔찍한 지옥으로 변한다. 스스로를 믿지 못한 A양은 한 사람만 사랑하고 그 사람에게 사랑받고 싶다는 '바람Hope'을 '바람Affair'이라는 엉뚱한 방법을 통해 얻고자 했다. 지금 A양에게 가장 필요한 것은, 그리고 사랑에 잘 대처하고 싶은 여자들에게 필요한 것은 그녀들을 완벽하게 믿게 해줄 누군가가 아닌, 자신은 사랑받을 자격이 충분히 있음을, 그리고 사랑이 끝나는 것은 버림받는다는 의미가 아니라 사랑이 끝이 났다는 것 이외에는 의미가 없음을 인정하는 것이다.

우리 마음을 표현하는 속담 중에 '열 길 물속은 알아도 한 길 사람 속은 모른다'라는 말이 있다. 난 이 말을 그리 신봉하지는 않는 편이다. 왜냐하면 사람의 속마음은 고작 한 길 정도가 아니기 때문이다. 지금 이 책을 읽는 여러분의 마음속 또한 사실 여러 갈래다. 하지만 대부분은 그 사실을 잘 인식하지 못한다. 그건 수만 가지의 생각과 감정의 크고 작은 물줄기를 정리해주는 부지런한 우리 뇌 덕분이다. 하지만 이런 노력에도 불구하고 쌓이고 쌓인 감정의 일부는 댐이 무너져 폭발하듯 엄청난 물줄기의 감정이 무섭게 쳐 올라온다. 그 감정 중에 유독 우릴 위협하고 파괴하는 감정이 있는데 바로 시기심Envy이다.

시기심은 인간의 타고난 본성이긴 하지만 시기심이 우리 마음을 지배하면 굉장히 위험해진다. 자신에게 없는 점을 타인에게서 발견하는 순간 우릴 점잖게 놔두지 않기 때문이다. 시기심은 원하는 바를 얻지 못할 경우, 아예 그 대상을 파괴시키고야 말겠노라는 섬뜩한 생각을 심어놓는다. 그저 행복해 보여서 단란한 가족을 모두 살해한 범인과 산후 정신병을 앓던 끝에 영아를 살해한 엄마는 병적 시기심에 의해 지배당한 극단적인 경우다. 이들이 인간의 탈을 쓴 늑대라는 손가락질을 받는 것 또한 마땅하지만, 정신의학에서는 누구에게나 잠재된 시기심이 약해진 자아를 뚫고 의식으로 올라온 결과의 희생양으로 본다.

하지만 대부분의 우리들은 이런 잔혹한 시기심의 영향권에서 벗어나 별 탈 없이 잘 살고 있다. 왜냐하면 인간에게는 언제부터인지는 몰라도 인류 전체를 살릴 수 있는 안전모드 또한 내장되어 있기 때문이다. 시기심에 맞설 수 있는 그 안전모드 중 하나는 바로 "시기하는 사람은 내가 아니라 남이다, 그래서 남들이 나의 소중한 것을 빼앗아버리거나 심지어 해를 가할지도 모르니 그냥 집안에 있으면 된다"라는 피해망상이다. 물론 피해망상 또한 심각한 정신 병리이긴 하지만 피해망상에 빠진 사람들은 흔히 알려진 것과 달리 타인을 향한 무차별적인 행동이나 대학살과 같은 극단적인 참상을 저지르지 않는다. 오히려 사람들을 피하고 위축되어 혼자 골방에서 지내는 일이 훨씬 많기 때문이다. 비록 남이 볼 땐 병적이라 하더라도 당사자에겐 삶의 더 큰 혼란을 막아준다는 시각에서 보면, 우리가 힘들 때 느끼는 불안이나 우울과 같은 정서적인 고통은 때로는 긍정적으로 작용한다고 볼 수 있다.

연애 감정이 생기면 뇌의 모든 신경전달물질과 호르몬은 말 그대로 요동을 친다. 정서가 안정될 리 없다. 사소하고 민감한 변화에도 꽤 신경이 쓰인다. 문제는 시기심 또한 다른 정서와 마찬가지로 조용히 그 고개를 든다는 점이다. 비록 자신의 애인과 별 문제가 없다 할지라도 남의 떡이 더 커 보이는 순간이 온다. 더 심해지면 '못 먹는 감 찔러나 보자' 모드까지 가게 된다. 그러니 만약 당신이 나도 모르게 친구의 애인과 내 애인을 비교하고, 거기에 멈추지 않고 비교를 통해 이유 없이 짜증과 화가 난다면, 어쩌면 시기심이 곧 마음의 댐을 범람할지도 모른다는 마음속 경고이니 그와의 관계를 계속 유지하기 위해서는 말과 행동을 당분간 조심하는 것이 좋다. 정신의학에서 시기심에 본격적으로 집중하게 된 것은 영국의 정신분석학자였던 멜라니 클라인Melanie Klein에 의해서다. 평생을 우울증으로 고생했던 그녀는《시기심과 감사Envy and Gratitude》라는 저서를 통해, 현재 자신에게 주어진 모든 여건을 흔쾌히 감사할 수 있는 마음가짐이야말로 시기심을 무력화시킬 수 있는 해독제라고 했다. 그러나 불행히도 사랑에 빠지면 이런 여유가 잘 생기지 않는다. "그래, 저 사람과 연애하는 것도 감사해야 해!"라고 아무리 생각하려고 해본들, 우리의 시기심이 어디 그리 녹록한 존재인가. 게다가 시기심의 늪에 빠진 사람에게 "그저 애인이 있는 것만으로 감사하십시오"라고 한다면 성질 급한 사람들은 되레 화를 낼지도 모르겠다.

하지만 희망이 전혀 없는 것은 아니다. 그동안 연인과의 결별을 마음속으로 품는 걸 금기라 여긴 우리의 맹신을 하나둘씩 버릴 준비가 되어 있다면, 오히려 그 시기심은 힘을 잃어갈 수 있기 때문이다. 지금 한번 연인과 헤어진다고 상상해보자. 혹은 연인이 죽었다고 가정해보자. 심지어 내가 죽었다는 극단적인 생각을 해보자. 이 또한 시기심이 녹기 시작하는 촉매제가 된다. 이런 마음가짐을 우리는 포기라는 단어 대신 체념Resignation이란 단어를 쓴다. 포기가 모든 일을 중도에 그만둔다는 뜻이라면, 체념은 품었던 생각을 미련 없이 잊는다는 뜻이다. 체념은 시기심을 원위치로 돌려놓을 뿐 아니라 현재의 우릴 제대로 보게 만드는 마력을 갖고 있다. 사직서를 항상 끼고 회사를 출근하는 사람은 정작 회사를 그만두는 법이 없다. 지금 다니는 회사를 언제든지 그만둘 수 있다는 생각이, 오히려 악조건에도 웃음을 잃지 않는 여유를 허락하기 때문이다.

연애에 빠진 우리 또한 마찬가지다. 시기심의 해독제인 감사의 정체란 결국 자신의 이상적인 소망을 체념하는 것이다. 물론 이 또한 어려운 일이다. 오죽하면 영화 〈반지의 제왕〉에서 요정 두 명이 그 작은 반지 하나 버리러 가는 여정도 무려 3부작씩이나 걸쳐 만들어졌을까. 다른 사람이 끼고 있는 반지에 대한 욕심, 그 반지를 꼈을 때 쫓길지 모른다는 두려움 등등. 이 모두가 영화 〈반지의 제왕〉에서 표현된 시기심의 모습이다.

그와 만났던 초심으로 다시 돌아가보라. 골룸과 반지가 뜨거운 불구덩이 속으로 떨어지듯, 항상 체념하고 또 체념해보자. 그러면 과거의 자신이 어색해지고 사랑하는 연인이 달리 보일 것이다. 마치 프로도와 샘이 그랬던 것처럼.

왜 나는 애인이 있는데도 외로운 걸까?

연애 초창기의 감정을 한 마디로 표현하자면 바로 설렘과 충만함이 아닐까? 그를 보고 있지 않아도 행복감을 느끼고 그와 상관없는 행동과 일들도 모두 그를 향해 있는 것 같은 설렘을 다들 느껴 보았을 것이다. 가슴속이 온통 꽉 찬 것 같은 충만함에 무엇이든 할 수 있을 것만 같고 어떤 일을 하든 모두 즐겁기만 한 시기가 연애 초창기다. 그러나 연애 초기를 지나 중기에 이르면 또다시 가슴 한구석이 허전해지기 시작한다. 과연 '이 연애를 해야 할 필요가 있는 것일까? 그는 나에게 꼭 필요한 사람인 것일까?' 하고 의구심이 생기기 시작하기 때문이다.

분명히 애인이 옆에 있음에도 불구하고 마음 한구석에 자리 잡은 허전함은 쉽게 가시질 않는다. 처음처럼 설레지 않는다는 것을 당연하다고 받아들이기에는 어쩐지 이 공허감은 너무나 크다. 그렇다면 과연 이런 허전함과 공허감은 어디에서 오는 것일까?

불행하게도 이 공허감은 연애 혹은 연애하는 상대방 때문이 아닌 스스로 만드는 것이다. 연애 초창기에는 설렘으로 인해 이 공허감을 느끼지 못한 것일 뿐, 처음부터 공허감은 존재했다. 그것은 바로 자기 자신에 대한 공허감이기 때문이다.

스스로에게 자신이 없는 사람일수록 연애에 너무 많은 기대를 한다. 연애를 하지 않는 동안에는 일단 연애만 시작하면 모든 문제들이 다 해결될 것만 같지만 자신감 없이 출발한 연애는 곧 본연의 문제를 드러낸다.

연애를 하든 하지 않든 어떤 환경에서도 일단은 내 스스로가 행복해야 한다. 이런 말이 있다. '혼자서 행복하지 못하면 둘이라도 행복하지 않다.' 이 말이 뜻하는 것은 간단하다. 자신의 행복이나 만족감을 남이 대신 가져다줄 것이라는 기대를 하지 말라는 것이다. 행복은 누군가와 함께하기 때문이 아니라 누군가와 함께하기 때문에 더 커지는 것뿐이다. 처음부터 없었던 행복은 누구를 만난다고 해서 새로 생겨나지 않는다. 백짓장도 맞들면 낫다는 말 또한 하나도 힘들지 않다는 것이 아니라 힘든 것이 조금 줄어든다는 것에 불과하다. 행복도 마찬가지다. 아예 없던 것이 새로 생겨나지는 않는다. 다만 둘이 함께하면 그 행복이 좀 더 커질 뿐이다.

애인이 있는데도 허전하다면 혹시 지금 연애하는 상대에게 너무 많은 기대를 하고 있는 것은 아닐까 다시 한 번 생각해보길 바란다. 지금 현실에서 벗어나 새로운 세상을 열어줄 열쇠가 상대방에게 있다고 생각하는 것은 아닌지 점검해볼 필요가 있다.

동화를 믿을 나이는 지났다. 재투성이 아가씨가 왕자를 만나 그 이후에는 행복하게 잘 살았습니다로 끝나는 동화책 내용은 현실에서는 일어나기 힘든 일이 아닌 절대 일어나지 않는 일이다. 남자를 만나서 팔자를 고치겠다고 생각하지 않는 이상 자신의 행복을 남이 대신 이루어줄 것이라고 기대해서는 안 된다. 또한 남의 행복이 곧 자신의 행복이라는 착각에서도 벗어나야 한다. 연애를 하고 있고 충분히 만족스러운 남자 친구가 있는데도 허전한 이유는 내 안에 있다. 그 사람이 무언가를 잘못해서도 아니고 그가 주는 사랑이 부족해서도 아니다. 물론 기대한 것보다 그 사람이 주는 사랑이 적을 수도 있지만 그럴 때는 내가 더 사랑하겠다는 마음을 가져야 한다. 사랑은 주고받는 것이다. 그리고 때에 따라서는 내가 더 사랑을 줄 수도 있는 것이다.

이제 누군가에 의해 행복해지겠다는 마음은 그만 접어두자. 세상의 어떤 남자도 그리고 여자도 내 스스로 행복하지 못한데, 그런 나를 행복하게 만들어줄 수 있는 사람은 없다. 사랑한다고 해서 끊임없이 사랑만 요구하고 그로 인해 행복해지기를 바라는, 기대만 가득한 당신의 꿈을 채워줄 의무는 그 누구에게도 없기 때문이다.

사랑을 한다면 좀 더 똑똑하게 그리고 현명하게 사랑을 해야 한다. 이 사랑으로 인해 내가 얻을 수 있는 것을 확실하게 짚고 넘어가야 한다. 그냥 막연하게 연애를 하면 내가 가진 모든 문제들 그리고 허전함이나 공허감이 사라질 것이라고 기대해서는 안 된다.《행복한 사람은 시계를 보지 않는다》는 소설의 제목은 어쩌면 '행복한 사람은 남에게 기대지 않는다'로 바뀌어야 하는지도 모르겠다. 이제 동화책이 말하는, 남이 대신 가져다주는 행복을 앉아서 기다릴 것이 아니라 우리가 직접 두 발로 뛰어 내 안에서 행복해지는 방법을 찾아야 할 때다. 그래야만 사랑하는 우리는 그리고 사랑하고 싶은 우리는 더욱더 행복해질 수 있다.

심리 **피처링**

사랑에도 여백이 필요하다

허전함 역시 기존의 관계를 뒤흔드는 심술궂은 마력을 가지고 있다. 상대가 새로운 이벤트를 만들어 줘도, 아무리 예쁜 선물을 사주어도, 심지어 24시간을 함께할지라도, 우린 허전함이란 그림자에서 좀처럼 멀어지기 어렵다. 애인이 있음에도 불구하고 우릴 엄습하는 허전함이 주는 가장 큰 고통은 왜 이런 느낌이 자꾸 드는지에 대한 그 이유조차 차마 말로 설명할 수 없다는 현실일 것이다. 그래서 상대 또한 답답해하다 끝내 같이 무기력과 절망에 빠지는 것이다. 이런 공허감이 너무 오래 지속되면 둘의 관계는 위태위태하다가 이내 이별을 맞게 된다.

하지만 다행히도 심리학 박사 마틴 셀리그만Martin Seligman이 《긍정 심리학》을 고안해낸 이후, 수많은 심리학자들은 우리가 인간이기 때문에 가질 수밖에 없는 우울한 감정을 역이용할 수 있는 희망적인 보고와 지혜를 앞다투어 내놓았다. 여기엔 공허감, 그러니까 허전함을 극복할 해법이 들어 있다. 이들은 한결같이 공허감을 '삶의 변화'와 연결 지었다. 즉 공허감을 단순히 성격적 결핍이나 우울 증상 중 하나로만 치부할 것이 아니라, '계속 이렇게 살면 안 된다'는 마음의 메시지로 받아들여야 한다고 주장했다. 공허감은 말 그대로 마음에 여백이 생겼다는 뜻인데, 그 여백에 자꾸만 뭔가를 메워 넣으려고만 하니까 마음에 병이 난다는 것이다. 전통적인 한국화의 미의 핵심 또한 여백인 것은 잘 알고 있을 것이다. 우리에겐 여백을 가만히 놓아두고 단 몇 초라도 감상할 여유가 필요하다. 정 무언가를 칠해야 한다고 생각한다면, 그동안 구태의연하게 그려온 것 외에 정말 그리고 싶은 걸 그려 넣어야 한다. 가령 애인의 요구를 한 번도 거절하지 못하고 무비판적으로 수용만 해온 순종적인 여성이 공허감으로 힘들어 한다면, 그녀에게 필요한 것은 더 헌신적인 사랑이나 순종이 아니라 거절하는 연습이다. 이전의 낡은 삶의 방식에서 벗어나라는 메시지로 공허감을 받아들인다면 한결 달라진 자신의 모습을 발견할 것이다.

왜 나는 끊임없이 흔들리는 걸까?

여자의 마음은 갈대와 같다는 말이 있다. 아마도 여자들의 마음이 그만큼 이리저리 잘 휘둘린다는 얘기일 것이다. 그러나 갈대도 어느 정도여야지 계속해서 흔들린다면 분명 문제가 있다.

특히 남자 친구가 옆에 있어도 흔들리는 것은 내가 내 중심을 잡지 못한 것도 있겠지만 더 나은 누군가가 있을지도 모른다는 기대감, 혹은 그럼에도 내가 섣불리 사랑을 시작해버렸다는 후회 때문일 수 있다.

사실 연애에는 정답도 없고, 성공도 실패도 없다. 그런데 우리는 마치 인생에도 그러하듯 정답을 정해놓고 그것에 다다르지 못하면 실패했다고 생각한다. 그러나 내가 생각하는 연애의 정답은 바로 내가 행복한가 그렇지 않은가다.

지금 연애를 하고 있는데도 옆에 다른 사람이 보인다면 그것은 그 연애가 행복하지 않다는 증거다. 만약 만족스러운 연애를 하고 있다면 흔들림 없이 굳건할 것이다. 그러나 대부분의 여자들은 자기 연애에 대한 확신이 없는 편이다. 만나는 사람이 있냐는 질문에 '응 애인 있어'라고 대답하는 여자와 '글쎄 누굴 만나기는 하는데 심각한 사이인지는 잘 모르겠어'라고 말하는 여자가 있다. 그들의 차이는 자신의 연애에 대해 확신이 있느냐 그렇지 않느냐이다.

그럼 연애의 확신은 무엇인가. 이 확신은 남이 대신해줄 수 있는 성질의 것이 아니다. 남자가 유달리 바람기가 많고 나에게 퉁명스럽게만 대한다면 그를 탓할 수 있겠지만 그렇지 않다면 순전히 내가 내 연애에 대해 의심을 하고 있는 것이다. 연애할 때 피해야 할 것 중 하나가 바로 '비교 상상'이다. A를 만나는 대신 B를 만났으면 좀 더 행복하지 않을까?라는 상상은 너무도 부질없다. 왜냐하면 A를 만나든 B를 만나든 그를 만나는 사람은 '나'이기 때문이다. 우리는 연애할 때 가장 중요한 '나'를 빼고 생각한다.

누가 나를 만나느냐가 중요한 것이 아니라 내가 어떤 사람을 선택하고 만나느냐가 중요하다. 그리고 사랑을 시작했다면 상대방만 믿으면 되는 것이 아니라 그 사랑 자체를 믿어야 한다. 평생을 함께할 사랑이라든가 일생의 단 한 번 찾아오는 위대한 사랑이라고 믿으란 말은 아니다. 다만 지금 이 시기에 내가 할 수 있는 가장 행복한 사랑이 바로 지금 이 사랑이라고 믿는 것이 중요하단 이야기다.

때로는 자기 자신이 왜 아무 문제도 없는 이 연애에 대해, 이 사랑에 대해 갈등을 하고 있는지 그 이유를 모를 수도 있다. 그러나 이때 냉정하게 이 갈등이 타인으로 인한 것인지 나로 인한 것인지를 확실하게 구분 지어 생각해야 한다. 만약 타인, 즉 상대방으로 인해 끊임없이 흔들리는 마음이 생겼다면 미련 없이 그 사랑은 종료 버튼을 눌러야 한다. 하지만 누구를 만나든지 일정 시기가 지나 어김없이 허전해진다면 그것은 내 안에 문제가 있는 것이다.

어떤 불타는 연애든지 늘 처음과 같을 수는 없다. 사랑은 시간이 지나면 이벤트가 아닌 일상이 되어버린다. 처음에는 매일 봐도 보고 싶다가 어느 순간이 되면 서로의 마음만 서로를 향해 있다면 같이 있지 않아도 믿을 수 있다. 마냥 처음과 같은 사랑이 유지되지 않는다고 해서 불안해한다면 그것은 똑같은 반찬을 먹을 때마다 새롭고 맛있기를 기대하는 것과 마찬가지다.

연애에는 여러 시기가 있다. 초창기에는 생각만 해도 입가에 저절로 미소가 번지는 설렘으로 가득한 시기가 있다면 중기와 말기 즈음에는 내가 과연 연애를 하고 있는게 맞나 싶게 연애하기 전의 일상으로 돌아가 있을 것이다. 하지만 이때 중요한 것은 얼마나 연애 초기와 비슷하게 연애를 하고 있느냐가 아니라 얼마나 이 연애가 더 성숙해졌느냐 하는 것이다. 만약 처음과 같은 설렘만 추구한다면 그 사람은 언제나 빨리 시작하고 그만큼 쉽게 식는 연애만 하게 된다. 우리는 사람이기에 어느 정도 흔들림이나 갈등은 있을 수 있다. 하지만 도를 넘어 만나는 사람마다 일정 시기가 지나 다른 사람을 만나고 싶다는 생각이나 다른 누군가를 만났어야 한다는 후회로 이어진다면 이 연애에 대해 그리고 자신에 대해 잘 생각해보기 바란다.

연애의 주체는 어디까지나 당신이다. 이때는 남의 입장이 되어 생각할 필요가 없다. 오직 내 중심으로, 내 마음을 기준으로 지금의 흔들림이 단순히 시간이 흘러 조금 느슨해진 것인지, 아니면 내 마음과 사랑을 모조리 뒤흔들 정도의 흔들림인지 구분해볼 필요가 있다. 이런 점검이 끝나도 계속 흔들린다면 그때는 사랑이 끝나가는 시점이라는 것을 인정하고 받아들여도 늦지 않을 것이다.

한때 〈공각기동대 : Ghost in the Shell〉란 일본 애니메이션이 전 세계적으로 인기를 얻은 적이 있다. 가상현실을 소재로 한 영화 〈매트릭스〉의 모체가 되기도 한 이 애니메이션에선, 우리의 몸과 마음이 기계로 치환된 사이보그 여형사가 주인공으로 나온다. 그 여형사는 사람들의 마음조차 무선 네트워크로 조종당하는 근미래 시대에 기억을 조작하는 범죄를 처단하는 역할을 맡았다. 하지만 그녀 또한 다른 이들과 비슷한 처지에 놓여 있었기에 자신의 정체성에 회의를 품기 시작한다. '공각'이란 단어는 조개와 같은 어패류의 껍질을 뜻하는 일본어에 그 유래를 두고 있다. 비록 주인공은 아름다운 S라인 몸매를 가졌지만, 정작 그녀의 신체와 마음은 인간성이 상실될 위기에 처해 있는 공각의 상태 바로 그 자체였다. 원제목이 〈공각 속의 유령〉인 것도 어쩌면 껍질과도 같은 마음과 영혼이 그저 유령과 같은 허상일지도 모른다는 현대인의 심리적인 결핍을 의미하지 않나 싶다.

우리가 연애를 하면서 끊임없이 흔들린다는 느낌이 드는 이유 또한 마찬가지다. 공각 속의 유령 같은 모습이 어쩌면 우리 자신의 모습일 수 있기 때문이다. 이런 느낌을 받는 가장 큰 이유는 바로 자신이 사랑받을 만한 가치가 있는지에 대한 끝없는 의구심 탓이다. 심지어 배우나 모델 빰치는 외모를 지닌 사람들도 비슷한 고민으로 진료실을 찾아온다. 그들은 상대의 사소한 말 한마디에 쉽게 상처받고 흔들린다. 그래서 때로는 문어발식 연애에 빠지기도 한다. 얼핏 난잡하게 보이기도 하지만, 온통 버림받을 것에 대한 두려움으로 가득 차 있는 속사정을 알고 나면 딱히 부러울 것도 없고 딱히 손가락질할 수도 없다. 그들을 흔드는 의구심의 뿌리는 주로 어릴 때 형성된다.

귀엽고 해맑기 그지없는 사랑스런 모습이었음에도 불구하고 주위에서 충분히 사랑으로 얘기해주지 않았던 탓에 이들은 커서도 사람들이 자신을 두고 떠나갈 거라 불안해한다. 연애를 하면서도 쉽게 흔들리는 그들은 공각기동대의 주인공 여형사나 영화 〈꼬마 유령 캐스퍼〉에 나오는 캐스퍼와 하나 다를 바 없다. 이들이 그럴 수밖에 없는 건 자신이 사랑받을 만하다는 자신감이 없기 때문이다. 어릴 때는 누군가가 옆에서 계속 예쁘다고 해줘야 한다. 유아기의 우리는 자신이 어떤 모습인지 알 수 없기 때문이다. 그래서 만일 주변의 호응을 받지 못하고 성장한 사람들은 불분명한 자신의 정체성으로 인해 그리 평화롭지 않은 문어발식 사랑에 빠지게 된다. 사랑할 수 있는 여력이 있어서가 아니라 자신의 존재와 가치를 확인받고 싶은 심리 때문이다. 하지만 불안한 정체성을 연인에게서 채우려고 하니, 이들은 상대에게 지나친 것을 바라는 셈이 된다. 그러다 상대에게 그런 요구가 좌절되면, 자해나 분노 폭발과 같은 극한의 상황으로 이어지기도 한다. 우리 중의 누군가는 이들처럼 있는 그대로보다 지나치게 평가 절하되어 살아온 탓에, 자신의 모습을 마치 추악한 외계인처럼 생각하기도 한다.

그들이 버려야 할 것은 사랑받을 구석이 없거나 아주 미약하다는 잘못된 믿음을 보여주는 찌그러진 거울이다. 우리에게는 좋은 거울 하나가 꼭 필요하다. 조금도 왜곡시키지 않고 현재의 자신을 제대로 보여주는 거울. 좋은 친구나 선생님, 좋은 책과 영화와 같은 것이 좋은 거울이 될 수 있다.

왜 나는 자꾸 의심이 드는 걸까?

누구나 그렇겠지만 다른 사람의 마음을 백퍼센트 다 알 수도 없고 헤아릴 수도 없다. 그럼에도 불구하고 사랑하는 사람에 대해서라면 그의 마음속에 있는 모든 것을 알고 싶어 하는 것이 사랑에 빠진 사람 마음이다.

그러나 사랑하는 사람을 의심하기 시작하면 그때부터 사랑은 지옥으로 변한다. 내 전화를 자주 받지 않는 그, 늦게까지 친구들과 모임을 가졌다고 말하는 그. 그럴 때면 우리는 생각한다. 혹시 이 사람이 나 아닌 다른 사람을 만나고 있는 것은 아닐까? 아니 적어도 마음속에 다른 이를 품고 있는 것은 아닐까?

그러나 분명히 알아야 할 것은 이런 생각은 의미가 없는 생각일 뿐이라는 것이다. 상대방을 믿는 것은 중요하다. 사랑하는 사람을 믿지 못한다면 우리는 과연 누구를 믿을 수 있을까?

어쩌면 우리는 그를 의심하는 것이 아니라 내 마음을 의심하는 것인지도 모른다. 그가 있음에도 불구하고 우리는 더 완벽한 남자, 더 완벽한 사랑을 꿈꾼다. 그런 나의 마음을 인정할 수 없으므로 우리는 대신 사랑하는 사람이 혹여 그렇지 않을까 의심을 하는 것이다.

의심은 대개 작은 것에서 출발한다. 아무것도 아닌 일로 서운해하고 속상해 하다보면 결국에는 그 원인을 상대방의 마음이 내게 완전하게 닿아 있지 않다는 생각에까지 이른다.

물론 남자 쪽에서 오해를 살 만한 일을 했을 수도 있다. 남자는 여자보다 말이나 행동이 조심스럽지 않고, 즉흥적이며 순간적이다. 나를 사랑하느냐는 질문에 어쩌면 그는 '뭐 그런 걸 새삼스럽게 묻고 그러냐'며 핀잔을 줄 수도 있다. 하지만 여자들은 설사 거짓이라 하더라도 나를 사랑한다는 말을 듣고 싶어 한다. 여자는 모든 것을 입 밖으로 꺼내서 확인을 해야만 비로소 안심을 하기 때문이다. 아주 오래전 나는 사랑하는 사람의 핸드폰을 몰래 본 적이 있었다. 어떤 사람과 통화를 하는지 누구와 어떤 문자를 주고받는지 궁금해서 도저히 참을 수 없던 시기였다. 그게 궁금한 이유는 그를 믿지 못해서였지만 나는 그때 그러지 말았어야 했다. 그의 핸드폰에 찍힌 문자의 내용은 코에 걸면 코걸이 귀에 걸면 귀걸이 식이었으므로, 핸드폰을 면밀히 확인한 이후 내 의심만 더더욱 키우는 꼴이 되었다.

사랑하는 사람에게도 프라이버시라는 것이 있다. 그러나 우리는 사랑을 하면 그런 것은 깡그리 무시한다. 그에 관한 것이라면 손톱만 한 것도 모두 알아야 한다고 생각한다. 그리고 조금만 의심이 가면 설사 그것이 아무것도 아니라 하더라도 의심을 품은 이상 의심은 확대되기도 한다.

사람을 믿는다는 것은 참으로 어려운 일이다. 사람의 마음이라는 것은 간사하기 이를 데 없어서 언제든지 변할 수 있기 때문이다. 하지만 사랑을 하고 있다면, 정말 그 사람을 사랑한다면 그럼에도 불구하고 믿어야 한다. 그를 믿지 못한다는 것은 결국 그에게 있어 나란 존재가 너무나 미비하다는 것을 인정하는 것밖에는 안 된다. 사랑하는 사람을 믿지 못하는 고통은 이별보다 더 아프다. 그 사람이 하는 모든 말을 의심하고 모든 것을 내 눈으로 직접 확인을 해야만 안심할 수 있다면 누군가를 사랑한다는 것이 어떤 의미가 있을까. 아무리 사랑하는 사람이라 하더라도 24시간 곁에 붙어 있을 수는 없는 일이다.

사람들이 하는 걱정 중 약 80퍼센트는 현재에 일어나지 않은, 그러니까 미래에 일어날지도 모를 일들에 대한 걱정이라고 한다. 이것은 연인관계에서도 마찬가지다. 그가 나를 떠나면 어떻게 할까? 그가 나 아닌 다른 사람을 사랑하는 일이 생기면 어떻게 할까? 사실 이런 질문에는 달리 해답이 없다. 의심이 지나치면 사랑은 결국 파국으로 치닫는 수밖에 없다. 세상에 어떤 사람이 자신을 믿지 못하는 사람을 사랑할 수 있겠는가. 그리고 모든 일들을 하나부터 열까지 다 확인시켜줘야만 한다면 누가 그 사람과 진정으로 사랑할 수 있을까.

사랑은 그 사람을 믿는 것에서 출발한다. 특히 그 사람의 마음에 대해서는 절대적인 믿음이 필요하다. 의심이 짙어지면 병으로도 이어진다. 의부증, 의처증은 어딘가 이상한 사람들이 걸리는 병이 아니다. 아이러니하게도 그 사람들의 얘기를 들어보면 너무나 사랑하기 때문에 믿지 못한다고 말을 한다. 사랑하는 사람을 믿지 못하는 사람들의 공통점은 어디에선가 배신을 당한 경험이 있다. 그 배신의 경험 상대가 부모님이든 친구든 혹은 사랑하는 사람이든 한번 배신을 당한 사람은 쉽게 사람을 믿지 못한다. 불행하게도 사람의 마음은 움직일 마음이면 언제든 움직이게 되어 있다. 이 세상에 영원한 것은 아무것도 없다. 사랑하는 동안에는 이런 생각에서 벗어나야 한다.

사랑을 할 때는 단 한 번도 사랑해보지 않은 것처럼, 그리고 단 한 번의 배신도 당하지 않은 것처럼 그렇게 믿고 사랑해야 한다. 그가 내 마음에 꼭 들 만큼 사랑해주지 않는다고 해서, 그 사람의 사랑 방식이 나와 맞지 않는다고 해서 그 사람의 사랑마저 의심해서는 안 된다. 사랑하는 사람과 가장 중요한 것은 마음과 마음의 교감이다. 그 교감은 때로는 작은 눈빛 하나로 혹은 작은 몸짓이나 가벼운 대화로도 충분히 가능하다.

심리 **피처링**

행복을 연인의 반응에 의존하기에

연애의 바탕은 사랑이다. 그 속에서 우린 따뜻함이 살아 숨 쉬는 평화와 안정감을 누리고 싶어 한다. 하지만 유감스럽게도 사랑의 유람선은 잔잔한 수면 위로만 항해하진 않는다. 때로는 사나운 폭풍우도 만나고 암초에 부딪히기도 한다. 특히 의심이란 태풍을 만나면, 그 힘은 너무나 강력한 나머지 제 갈 길을 잃어버리기도 한다

가까운 사람 사이에서 생기는 의심의 뿌리는 어릴 때 정서적 관계를 유지했던 양육자 간의 경험에서 비롯된다. 영국의 정신분석학자 존 볼비John Bowlby는 양육자와 아이 간의 애착 양상을 연구해 몇 가지 사실을 알게 된다. 그건 바로 우리 모두는 '어릴 적 미소' '칭얼대며 매달리기' '소리 내기' 등과 같은 여러 가지 방법으로 양육자와 소통을 하려는 욕구가 있다는 것이다. 그렇게 필사적으로 교류하며 나누려 했던 것은 다름 아닌 사랑과 안정 그리고 행복과 같은 정서였다.

21세기를 사는 우린 인터넷을 통한 수많은 소통과 교류의 시대를 살고

있다. 트위터나 페이스북을 비롯한 수많은 소셜 네트워크 산업이 성장하고 있고, 포털사이트엔 사람들의 댓글들로 넘쳐난다. 바야흐로 애인의 위치나 문자 내용을 실시간으로 보여주는 스마트폰 어플까지 탄생할 정도다. 기술의 발달이 소통의 진화로 이어진 건 언제나 다른 사람과 연결되어 있으면서 정서를 교류하고 싶은 인간의 공통된 욕망 때문이라고 할 수 있다. 하지만 정도의 차이는 개인마다 다르다.

어릴 때 양육자와 소위 안정적으로 애착이 형성된 사람들은 굳이 '오빠 믿지'와 같은 어플에 대한 필요성을 잘 느끼지 못한다. 하지만 어릴 때 양육자가 적절한 반응을 해주지 않아 정서적인 소통에 불만을 품었던 아이들은 나중에 성장해도 불안정 애착이나 혼란스런 애착 경험이 고스란히 남아 있다. 그리고 미처 이루지 못한 그 애착을 완성시키기 위해 누군가와 끊임없이 접촉을 시도한다. 그런데 그 화살의 끝은 엉뚱하게도 바로 지금 당신이 아끼고 사랑해야 할 그 사람을 향하는 경우가 많다. 때문에 지금 지나치게 마음속에서 의심이 싹트고 있다면, 정작 추궁하고 속을 들여다봐야 하는 건 상대가 아니라 우리 자신이다. 각자의 마음속에 있는 어린 아이가 누군가에게 사랑받으며 소통하길 원한다는 사실을 받아들여야 한다.

어릴 적 굶주렸던 배가 원했던 것이 모유나 분유였다면, 굶주린 마음이 원하는 건 사랑하는 사람이 반기며 베풀어주는 적절한 호응이다. 이런 호응을 굳이 연애 관계에서 얻으려 하는 이유는 다름 아닌 의존심 때문인데, 사랑하는 사이에서 양육자가 주었어야 하는 것을 바라는 의존심은 헤어짐을 예고하는 또 다른 복병이란 걸 명심해야 한다. 의심의 뿌리는 불안정한 애착에서 비롯되고, 불안정한 애착은 지나친 의존심을 낳기 마련이다. 만약이 이 책을 읽고 있는 당신이 요즘 대부분의 행복을 오로지 연인의 반응에만 의존하고 있다는 사실을 깨닫는 것만으로도 의심의 독은 조금씩 녹아 없어질 것이다.

왜 아무 일도 없었는데 헤어지고 싶은 걸까?

사람들은 자신의 마음을 감추고 싶을 때, 혹은 자기 스스로도 자신의 마음을 잘 알지 못할 때 '그냥'이라는 표현을 쓴다. 그러나 적어도 사랑에 있어서만큼은 '그냥' 좋다라든가 '그냥' 싫은 것은 없다. 거기에는 분명한 이유가 있다. 다만 우리가 그 이유가 무엇인지를 수면 위로 떠올리지 못할 뿐이다.

어느 날 J양은 아무 탈 없이 잘 사귀고 있던 남자 친구와 갑자기 헤어지고 싶다고 말했다. 이유를 물어봤지만 그녀는 얼른 대답하지 못했다. 자기도 이유가 무엇인지 알 수 없다고, 그냥 헤어지고 싶다는 생각만 막연히 든다는 것이다. 그렇다면 그녀의 말마따나 아무 일도 일어나지 않았는데 왜 갑자기 사랑하는 사람과 헤어지고 싶은 것일까? 거기에는 여러 가지 이유가 있을 수 있다.

참 아이러니하게도 오히려 아무 일도 일어나지 않는 것이 첫째 원인일 수 있다. 사랑을 하면 여러 가지 감정적 변화와 함께 전과는 생활이 많이 달라진다. 그런데 너무 편한 남자 친구를 만나서 감정적으로 큰 요동 없이 평온한 사랑을 하기만 한다면, '이것이 진짜 사랑이 맞을까? 안 보면 보고 싶고 보고 있어도 자꾸 보고 싶어야 하는 게 사랑인데, 이렇게 평상시와 다를 바 없는 감정 상태를 유지할 수 있는 것이 사랑일까?' 하는 생각이 드는 것이다.

결론은 그것도 사랑이 맞다. 세상에는 격정적인 사랑만 있는 것은 아니다. 있는 듯 없는 듯 그렇게 몸에 가볍게 내려앉은 사랑도 있다. 그러나 문제는 본인이 그런 안정적인 사랑은 사랑이 아니라고 생각하는 데 있다. 그래서 늘 만족하지 못해 아무 일이 없는데도 그냥 헤어지고 싶다는 생각을 하는 것이다.

나는 J양에게 시간을 두고 천천히 남자 친구에 대한 불만을 얘기해보라고 했다. 그러자 처음에는 별 불만이 없다고 말했던 그녀가 시간이 지날수록 남자 친구에 대한 근본적인 불안함을 하나둘씩 말하기 시작했다. 남자 친구와 오랜 연인 관계였던 J양은 처음 시작할 때 그리 심각하지 않게 '심심한데 연애나 해볼까?' 하는 마음으로 지금의 남자 친구를 만났다고 한다. 그러니까 보자마자 반했다든가 사랑일 수밖에 없어서 사랑을 한 것이 아니라 연애를 해야겠다는 마음을 먼저 먹고 그 다음에 상대를 물색한 것이었다. 마침 상대도 싱글이라 둘은 농담 반 진담 반으로 연애를 하기 시작했다. 성격도 잘 맞고 취미 생활도 같았던 J와 그녀의 남자 친구는 말 그대로 별 탈 없는 연애를 하기 시작했다. 그러나 문제는 바로 이 별 탈 없는 연애를 이제는 끝내야 한다는 생각을 J양이 하기 시작했다는 것이다.

그녀는 어느 날 갑자기 교통사고처럼 다가오는 사랑이 진정한 사랑이라는 환상을 품고 있었다. 그러나 그녀의 남자 친구는 그런 환상과는 거리가 멀어 보이는 존재였다. 그녀가 연애를 하겠다는 마음을 먹고 그 이후에 남자 친구를 보기 시작한 것이었으므로 이 사랑은 진정한 사랑이 아니라는 생각이 들었던 것이다. 그리고 재미삼아, 비교적 짧게 끝날 것이라고 예상한 것과 달리 그들의 연애가 6년차에 접어들자 그녀는 불안해지기 시작했다. 이대로 진짜 제대로 된 사랑 한 번 못 해보고 이 남자와 평생 이렇게 연애를 이어 나가는 것은 아닐까? 하는 생각이 엄습한 것이다.

실제로 어떤 사랑은 교통사고처럼 닥치기도 한다. 피한다든가 미처 알아차리기도 전에 벌써 눈앞에 성큼 와 있어서 내 마음과 내 눈을 멀게 하는 사랑이 있다. 하지만 모든 사랑이 다 그런 것은 아니다. J양의 경우처럼 재미삼아 시작한 연애가 생각보다 서로 잘 맞아서 오래 진행되는 경우도 있다. 아무 일도 없는데 헤어지고 싶은 이유는 그 외에도 수없이 많을 것이다.

중요한 것은 가만히 내 안의 나를 조심스레 살펴보고 내 상황이나 내 마음에 귀 기울여보면 반드시 그 안에 문제, 혹은 내가 문제라고 여기는 것을 발견할 수 있다는 것이다. 이 세상에 어떤 일도 '그냥' 일어나거나 '그냥' 느껴지는 것은 없기 때문이다.

만약 지금 남자 친구와 이렇다 할 이유가 없음에도 불구하고 헤어지고 싶다면 좀 더 내면 깊숙한 곳의 소리를 들어볼 필요가 있다. 표면적으로는 괜찮은데 왜 갑자기 그 사람과 헤어지고 싶은지 말이다. 그러면 지금 사랑에 대한 불만을 비교적 쉽게 알 수 있을 것이다. 조금만 깊이 생각해본다면 현재의 사랑에 대해 내가 가진 불만, 그러나 아직 표면적으로 드러나지는 않은 불만이 무엇인지를 알 수 있을 것이다.

사랑에 대한 기대치를 현재의 사랑이 충족해주지 못한다고 생각한다면 그것은 당신이 사랑에 대한 일종의 기준이나 판타지를 갖고 있으며 그것에 이르지 못하는 것은 사랑이 아니라고 생각하기 때문이다. 그리고 그 기준은 때로는 이전에 한 사랑일 수도 있고 남들이 경험한 사랑일 수도 있다. 아직 오지 않은 사랑에 대한 막연한 기대감은 현재의 사랑이 마지막이 아니고 앞으로 사랑은 또 온다고 생각하는 데서 비롯된다. 그러므로 지금의 사랑은 진정한 사랑이 아니라 미래에 오는 그 사랑이 바로 진정한 사랑이라고 생각하는 것이다. 때에 따라서는 이 모든 이유들이 진짜 헤어짐의 이유가 될 수 있다. 그리고 또 한 가지, 연애 초기와는 다른 지금의 느낌이 아무 이유 없이 헤어지고 싶은 원인이 될 수도 있다.

그러나 오래 사랑을 한 사람들은 변치 않은 사랑을 한 것이 아니라 계절의 변화와 같은 사랑의 변화에 잘 맞춘 사람들이다. 위기가 오면 그 위기를 함께 극복하고 권태기가 찾아오면 이젠 더 이상 사랑이 없다며 헤어지는 것이 아니라 권태기를 인정하고 서로 어떻게 하면 권태기를 극복할 수 있는지를 솔직하게 이야기하고 해결점을 찾는 연인들이다.

지금 누군가와 사랑을 하고 있고, 그 사랑에 아무 일도 일어나지 않아 헤어지고 싶다는 생각을 하고 있다면 그것은 마음의 소리에 좀 더 귀를 기울이라는 신호인지도 모른다. 만약 이런 신호를 무시하고 그냥 방치해 둔다면 언젠가는 정말 말 그대로 그냥 문득 이별이 하고 싶어서 상대에게 어떤 설명도 해주지 못한 채 이별만 통보하는 날이 올 수 있다. 그리고 스스로도 도대체 사랑이 왜 끝나게 되었는지, 무엇이 문제여서 결국에는 이별을 했는지 모르고 지나갈 수도 있다.

모든 일에는 저마다 원인과 결과가 있으며 이유와 시작과 끝이 있다.

아무 일도 없이 헤어지고 싶다는 느낌을 받는 것은 현재 내가 그 이유를 찾아내지 못하고 있을 뿐, 결코 아무 일도 없는 것은 아니다. 그리고 무언가 대단하고 내세울 만한 이유가 있어야 사랑이 끝나는 것은 아니다. 내가 애써 보지 않으려고 덮어두었던, 그리고 마음속에 묻어두었던 무언가가 원인이 되어서 사랑을 끝내고 싶을 수도 있다. 헤어짐에 대한 막연한 생각보다는 지금 헤어지고 싶은 생각이 진짜 헤어질 만한 이유가 되는지 스스로에게 한번 진지하게 물어보고 판단하는 것이 후회 없이 사랑을 마무리하는 가장 좋은 방법일 것이다.

심리 **피처링**

그와 당신 사이에 아무 일도 없었기 때문에

연애만큼 예측불허의 일이 많이 생기는 인간 관계도 아마 없을 것이다. 그건 아마도 논리보다는 감정을 우선으로 하는 연애의 특성 때문일 것이다. 그러다보니 우린 종종 이유 모를 불안과 우울함에 빠지곤 한다. 심지어 아무 일도 없는데 헤어지고 싶은 마음이 들어 혼란스러워질 때가 있다. 그 혼란의 가장 큰 이유는 바로 원인조차 찾기 어렵다는 현실 때문이다. 그러나 정신분석학의 대가였던 프로이트 박사는 말했다. '그냥'은 없다고. 만약 누군가가 생전의 프로이트 박사에게 찾아가 "아무 일도 없는데 헤어지고 싶은 생각이 들어요!"라고 말했다면 아마도 그는 이렇게 얘기할 것이다. "아무 일도 없었다는 명제 자체를 의심해보세요!"라고.

우리 머릿속 장기인 뇌는 크게 좌뇌와 우뇌로 나뉜다. 좌뇌는 주로 논리와 기억, 학습 그리고 언어를 구사할 수 있게 하고, 우뇌는 주로 감정을 관리한다. 그런데 이 둘 사이를 잇는 신경다발은 마치 경상도와 전라도를 잇는 88고속도로처럼 너무나 작고 좁다. 아마 50층이 넘는 초고층 트윈 타워를 오가는 자그마한 구름다리를 떠올리면 이해가 빠를 것이다. 우리 뇌의 구조가 형편상(?) 그렇다보니 아쉽게도 우린 경험한 모든 감정을 다 말로 표현할 수 없다. 우뇌의 모든 정보를 좌뇌로 옮기기가 어렵기 때문이다. 하지만 이런 뇌의 이면에는 장점 또한 있다. 우리가 일상에서 경험한 감정을 모두 인지한다면 아마 우린 짜증과 분노로 인해 제명에 못 살고 죽어버릴지 모르기 때문이다. 그래서 무조건 많이 기억하고 사는 것만이 건강한 것은 아니다. 내면의 고통스런 감정은 어느 정도 잊고 사는 것이 오히려 건강에 이롭다. 정신의학에선 이런 마음의 방어기제를 흔히 '억압'이나 '해리'라는 용어로 표현하는데, '억압'은 고통스런 기억을 무의식에 꾹꾹 눌러 넣는 것인 반면에, '해리'는 아예 그 사실을 완전히 잊어버릴 정도로 자신의 경험으로 인식하지 않는 것이다. 그래서 어떤 기억이 억압되어 있다면, 그 기억은 약간의 단서만으로도 다시 떠올릴 수 있지만, 해리된 기억은 어지간해서는 다시 떠올리기 힘들 뿐 아니라 그 고통의 에너지가 신체 증상이나 성격의 일부분으로 흡수되는 단점이 있어 억압에 비해 훨씬 더 해로운 결과를 초래한다.

그럼 대관절 애인과의 기억 중 어떤 기억이 '아무 일도 없었다'라고 해리되기 쉬운 걸까? 아마 거의 대부분은 분노와 연관된 고통스런 기억일 것이다. 착한 사람들에게 있어 분노라는 감정은 마치 쥐약과 같다. 자신의 순결함을 더럽히는 혐오스런 느낌을 주기 때문이다. 그래서 이들은 자신의 분노를 감추고 타인의 호의를 사는 것에 훨씬 더 신경을 쓴다. 그러다보니 어느덧 이들의 사랑은 그만 희생과 헌신이 되어버리고 만다. 타인의 사랑을 갈망하지만 정작 돌아오는 사랑의 양은 자신의 성에 훨씬 못 미치기 때문에 적절히 서로 주고받는 관계가 잘 되지 않는 것이다.

뜻 모를 헤어짐의 늪에 빠져 있다면, 한 번쯤은 생각해보면 좋다. 비록 당신이 아끼고 사랑하는 사람일지라도, 그 사람의 잘못된 행위에 대해서는 충분히 화를 낸 적이 있는지. 화를 표현하는 것은 나쁜 행동이 아니다. 오히려 당신이 연인에게 화를 표현하지 못하는 것이야말로 상대를 기만하는 일, 소위 '고지의 의무'를 제대로 이행하지 못하는 것이다. 더군다나 당신이 그동안 해리시켜온 분노의 대상은 애인만이 아닐지도 모른다. 그 분노의 대상은 스스로의 감옥에 갇혀버려 연애 관계를 악화시킨 당신 자신일 수도 있다. 정신의학에서는 해리보다는 통합을 강조한다. 우리 스스로가 내면의 분노를 진정으로 껴안을 수 있다면 우울뿐 아니라 연인의 태도 또한 교정할 수 있다. 그러니 구태의연한 착한 모습을 고수하지 말고 애인에게 서운했던 점을 떠올려보자. 그리고 준비가 되었다면 그동안 연인에게 서운했던 점이나 실망스러웠던 점들을 차근차근 적어보자. 애인에게 전달해도 좋지만 애인이 아직 준비가 되지 않았다면 굳이 그럴 필요는 없다. 헤어지고 싶은 이유를 알게 된 당신이 변하면, 말을 하지 않아도 그 또한 변할 수 있으니까.

왜 우리는 사랑이 부족하다고 생각하는 걸까?

할 수만 있다면 나는 이 세상의 여자 아이들이 읽는 동화책을 불태우고 싶다. 그 책들을 통해 차곡차곡 다진 환상 때문에 너무나 많은 여성들이 사랑에 실패하고 아파하고 있기 때문이다. 어릴 때 읽은 그깟 동화책 하나가 뭐 그리 큰 영향을 미치겠냐고 하지만 절대 그렇지 않다. 비록 우리의 의식은 기억하지 못한다 하더라도 무의식의 어느 한곳에서는 오늘도 그 동화를 현실화시키려는 부질없는 노력이 계속되고 있다.

동화 속 왕자와의 사랑은 거의 모든 여성들의 팔자를 바꾸어놓는다. 재투성이에 구박덩어리였던 신데렐라가 그랬고 밑 빠진 독에 물 붓기라는 불가능한 미션을 수행하느라 개구리 앞에서 울던 콩쥐가 그랬다. 물론 신데렐라나 잠자는 백설공주처럼 이미 공주의 신분으로 살던 여성들도 있지만 그녀들 역시 왕자가 등장하기 전에는 결코 행복하지 않았다.

내가 동화책 속의 사랑 얘기에 가장 불만을 품는 것은 두 가지 이유 때문이다. 하나는 아무것도 아닌 여성이 왕자를 만나 단박에 신분 상승을 이루는 것이고, 또 하나는 이 두 사람의 사랑이 어떻게 진행되는지 또 어떤 어려운 과정을 헤쳐나갔는지에 대해서는 아무런 묘사가 없다는 것이다. 동화에서는 나를 사랑해주는 괜찮은 남자만 만나면 여자는 만사형통인 것처럼 이야기한다. 정작 사랑에 필요한 믿음이나 인내심, 이해심과 배려 같은 것에 대해서는 아무것도 말하지 않는다. 그냥 '왕자와 공주는 그 후로 오랫동안 행복하게 잘 살았습니다'로 모든 결말이 맺어진다.

만약 이 동화를 곧이곧대로 믿는 것까진 아니라 하더라도 이 세상 사람들이 사랑은 누군가 나에게 아낌없이 주기만 하는 것이라고 생각한다면 어떻게 될까? 그렇다면 그 여성은 누구를 사랑해도 그 사랑이 부족하다고 느낄 것이다. 왜냐하면 사랑 그 자체로도 부족함을 느끼겠지만 사랑 이외의 것들, 신분 상승이나 행복하게 잘 살았습니다가 동화처럼 쉽게 이루어지지는 않을 것이기 때문이다.

동화는 여성들이 사랑에 너무 많은 기대를 걸게 만들었다. 사랑만 하면 세상과 내가 동시에 바뀌는 것을 경험할 수 있다고 동화들은 말한다. 하지만 그런 일은 그리 쉽게 일어나지 않는다. 아니 사랑만으로 그 모든 것이 가능하다고 하는 얘기를 나는 아직 어디서도 들어본 적이 없다.

동화적 사랑을 꿈꾸는 여성에게 있어 사랑은 받아도 받아도 부족한 무언가다. 그녀를 만족시키려면 일단 왕자에 버금가는 남성을 만나야 하며 그 남성은 중세의 기사도 정신이 명함도 못 내밀 만큼 그녀에게 충성을 다해야 한다. 어디 그뿐인가. 그녀를 악다구니 가득한 세상에서 무지갯빛 저 먼 나라로 데리고 가주기까지 해야 한다. 이러니 보통 남자가 평범하게 사랑을 해주면 만족하지 못할 수밖에 없는 것이다.

굳이 동화 핑계를 대지 않더라도 주위를 보면 많은 여성들이 사랑에 너무 많은 것을 바란다. 말이 사랑이지 그것은 내가 살고 있는 이 세상이 아닌 다른 세상으로 이끌어줄 누군가를 찾는 것이나 다름없다. 자신의 인생과 행복은 스스로 찾는 것이지 누가 가져다주는 것이 아니다.

또 모든 일들이 그렇듯 사랑에도 노력이 필요하다. 둘이서 하는 것이 사랑인 만큼 노력도 같이 해야 함은 물론이다. 왜 상대방만 나를 더 사랑해야 한다고 생각하는가. 내가 더 사랑하면 그건 잘못된 연애인 걸까? 많은 사람들이 남자가 좀 더 사랑하는 것이 자연스럽다고 말하지만 그건 아직까지도 동화책에서 벗어나지 못한 발상이다. 설사 현실이 그렇다 하더라도 이제는 내가 더 사랑하는 것도 하나의 방법이 될 수 있음을 알았으면 한다. 그리고 그가 주는 사랑이 아닌 사랑 자체에 너무 많은 기대와 환상을 품고 있는 것은 아닌지 스스로를 점검해보자. 사랑이 세상을 다르게 보이도록 해줄 수는 있지만 실제로 내 주변의 세상을 바꿔주지는 않는다. 우리가 사랑에 바라는 것은 딱 한 가지. 그도 나도 행복해지는 것이다. 나만 행복하고 상대는 일방적으로 그 행복을 위해 기여해야 한다고 생각한다면 그것은 아직까지 동화를 믿고 있다는 증거가 아닐까?

심리 **피처링**

진짜 갈등이냐 심리적 결핍이냐

연인에게서 부족함을 느끼는 이유는 두 가지 경우다. 첫 번째는 그 상대의 성품이 누가 봐도 확연히 게으르고 자기중심적인 경우다. 만나면 항상 군대 얘기 아니면 축구 얘기, 이것도 저것도 아니면 군대에서 축구한 얘기가 모두인 남자라면, 부족한 사랑의 원인은 당연히 당신이 아니다. 하지만 자주 문자를 받지 못하면 화를 참지 못하거나, 상대에게 자주 '지쳤다'라든지 '밑 빠진 독에 물 붓기'류의 비난 일색의 말을 듣는 경우라면, 한번쯤은 자신을 되돌아볼 필요가 있다.

"갈등이냐, 아니면 결핍이냐."

이 두 가지 테마는 연애를 포함한 모든 인간 관계에서 발생하는 정서의 고통을 이해하는 데 굉장히 중요한 요소로 밝혀졌다. 하지만 이 둘 중에 무엇이 더 중요한 것인가에 대해서는 아직 밝혀지지 않았다. 오죽하면 갈등과 결핍 중 무엇을 더 치료의 중심으로 보느냐에 따라 정신분석 학파가 갈릴 정도니까 말이다. 인간은 로봇이 아니기에 어쩌면 이런 화두를 꺼내는 것 자체가 어리석게 느껴지기도 하지만, 그만큼 내면의 결핍은 심리적 갈등 못지않게 우리의 정서 건강을 좌지우지하는 요소임엔 틀림없다.

사실 누구나 어느 정도의 심리적 결핍을 안고 살아간다. 다만 사람마다 정도의 차이가 있을 뿐, 연인이 곁에 없을 때 느끼는 불안의 차이가 각자 다양한 것도 바로 이 때문이다. 이런 차이가 생기는 이유는 바로 내면에서 자신을 달래주는 엄마 같은 이미지가 제각기 다르기 때문이다. 이런 이미지를 정신의학에선 대상 항상성Object Constancy이란 개념을 빌어 설명한다.

만 3세경이 되면 형성되는 '마음속 엄마'는 소위 '좋은 엄마'와 '나쁜 엄마'의 이미지가 얼마나 잘 합쳐지냐에 따라 전체적인 엄마의 색깔이 결정된다. 그래서 연인과 통화가 잘 되지 않을 경우 어떤 이는 홧김에 전화기를 내던져버리기도 하고 너도 당해보라며 수신 거부를 해놓기도 한다. 하지만 또 다른 사람은 무슨 사정이 있겠거니 하며 그저 평온하게 자기 일을 묵묵히 꾸려나간다. 이렇게 연인의 돌발행동에 제각기 반응이 다른 이유는 바로 앞에서 얘기한 내면에 형성된 마음속 엄마, 대상 항상성의 차이 때문이다. 그런데 이런 대상 항상성이 잘 형성되지 않은 사람들은 상대를 이상화했다가 곧바로 폄하해버리는 양 극단을 오가곤 한다. 그래서 애인에게서 변덕이 죽 끓듯 한다는 소리를 듣기 십상인데 정작 본인은 억울해하는 것이 이 때문이다. 대상 항상성이 부족한 사람에게 연락이 뜸한 애인을 믿고 계속 사귀라는 말은 마치 아파트 10층 난간에서 뛰어내려도 안 죽는다는 것과 똑같이 들린다. 그럼 우리 안에 형성된 대상 항상성의 정도는 노력에 관계없이 절대 바뀔 수 없는 걸까? 조금은 힘들겠지만 꼭 그렇지는 않다.

비록 임시방편일지라도 애인이 준 반지나 시계, 인형과 같은 선물들을 늘 지니고 다님으로써, 우린 사랑이 부족하다는 허전함을 어느 정도 달랠 수 있다. 환하게 웃으며 같이 찍은 사진을 탁자 위 잘 보이는 곳에 놓아두거나, 자신의 블로그에 올려놓고 가끔씩 모니터를 바라보는 것만으로도 우린 서로 멀리 떨어져 있다는 불안을 잠시나마 잠재울 수 있다. 얼핏 '눈 가리고 아웅'인 것처럼 보이는 이런 시도들은 예상 밖으로 꽤 효과가 좋은 편이다. 그 이유는 누구나 한 번쯤은 시도해보았던 연습이기 때문이다. 엄마와 분리를 시도했던 정상적인 성장과정이 바로 그것인데, 어릴 때 우리 곁에 항상 널려 있던 기저귀나 젖병, 담요나 곰돌이 인형과 같은 물건들은 비록 엄마가 옆에 없더라도 항상 엄마와 함께 있다는 느낌을 주었다. 낮잠에서 깼을 때 엄마가 없어졌다는 것을 알았더라도 울지 않고 참을 수 있었던 이유이기도 하다. 정신의학에선 엄마를 대신하는 이런 매개체를 이행 대상Transitional Object이라 한다. 하지만 성인이 된 지금 연인이 남기고 간 선물들을 마냥 보고 있노라면 위로가 되기보다 오히려 부아가 치밀 때가 있다. 그래서 그다음 필요한 마음가짐이 있다면, 애인을 향한 흑백논리와 이분법적인 생각을 버리는 것이다. 엄마에 대한 이미지가 통합이 되지 않은 분들은 애인에 대해서도 마찬가지다. 애인의 모순된 모습을 당최 이해할 수 없기 때문에 상대를 향한 황홀한 애정과 혹독한 경멸이란 롤러코스터를 하루에도 몇 번씩 오르내리곤 하는 것이다.

이런 유형의 사람들이 받아들여야 할 점은 절대 호인도 절대 악인도 없다는 사실이다. 애인이나 엄마를 포함한 대부분의 사람들은 100퍼센트 선하지도 100퍼센트 악하지도 않은 그저 평범한 인간에 불과하다. 극소수의 사이코패스를 제외하면, 모순과 부족함 속에서도 사랑하는 사람을 배려하며 살고자 하는 존재가 바로 인간이기에, 이런 다양한 모습과 한계를 가진 인간의 실체를 받아들이고 나면 어느덧 부족한 사랑의 한 부분을 이해할 수 있을 것이다.

왜 우리는 똑바로 믿지 못하는 걸까?

내 친구 B양은 얼마 전 꿈에 그리던 이상형의 남자를 만나서 연애를 하게 되었다. 오래 기다린 만큼 그들은 서로 잘 맞는 사람들이었고 남자 쪽의 애정 표현은 요즘 어린 애들 못지않게 '닭살'스러웠다. 친구들과 모임을 갖는 자리에서도 연신 B는 그가 보내는 핸드폰 문자들을 보며 얼굴이 벌게졌으며 무슨 할 말이 그렇게 많은지 어제 만났다면서도 '잠깐만' 하고 전화기를 들고 나가서는 30분이 넘게 통화를 하고 돌아오곤 했다. 나는 그녀가 이제야 임자를 만났으니 행복하겠거니 했다. 그러나 B의 행복은 오래가지 못했다.

어느 날부터인가 B는 고민을 하기 시작했다. 그는 자신에게 너무 완벽한 사람이고 또 더할 나위 없이 잘해주지만 그런 그가 왜 자기를 사랑하는지 의심이 든다고 했다. 거기에 한 술 더 떠서 그가 혹시 선수가 아닌지, 막말로 단물만 빨아먹고 버리기 위해서 이토록 친절한 것은 아닌지 걱정했다. B는 그의 사랑이 말 그대로 부족해서 불안을 느끼는 것이 아니라 자기가 생각한 것보다 더 넘쳤기 때문에 불안해하고 있었다.

그렇다면 B의 불안감은 어디에서 온 것일까? B는 시원시원한 성격과 서글서글한 외모 덕분에 남자들에게 꽤 인기가 많은 타입이었다. 하지만 정작 B는 연애에 있어서는 쿨하기보다는 잔정이 많은 아기자기한 면을 갖고 있었다. 그래서 남자들이 B의 호탕한 성격에 매력을 느껴서 다가갔다가도 실제의 B의 모습, 즉 B가 바라는 연애 타입을 알게 된 다음에는 모두 조용히 물러났다. 그들은 친구 같고 때론 형제 같은 B를 사랑한 것이지 여성스럽고 다정다감하며 애교 있는 여자를 사랑한 것은 아니었기 때문이다. 이렇게 인기는 많되 매번 연애가 실패로 끝나자 B는 서서히 자신감을 잃어가기 시작했다. 그리고 서른을 넘긴 어느 날인가는 이제 자신은 더 이상 젊지도 아름답지도 않으므로 평생 제대로 된 연애 한번 못 하고 대충 선봐서 결혼하게 될 거라고 생각했다.

B에게는 자신이 보여주고 싶은 모습, 그리고 실제 자신이 원하는 모습에 엄청난 간극이 있었다. B의 겉모습과 행동만 보면 그녀에게 '현모양처'라는 말은 절대 어울리지 않았지만 사실 그녀의 오랜 로망은 현모양처였다. 그녀는 사랑을 하면 그 사랑 안에서 포근히 감싸인 채 세상에서 보호받고 싶었다.

그런 그녀가 이제야 임자를 만났지만 그녀는 도무지 상대를 믿지 못했다. 아무도 자신을 그런 식으로 사랑해주지 않았으므로 그가 무언가 잘못 알고 있거나 혹은 거짓말을 하고 있다고 생각했다. 그래서 B는 끊임없이 상대를 시험하고 의심하기 시작했다. 그가 하는 모든 달콤한 말들을 꼬아서 듣기 시작했고, 심지어 그가 단순히 B를 만나기 이전에 만난 여자 친구를 잊기 위해 이용한다는 생각까지 했다.

이번에도 B의 사랑은 오래가지 못했다. 당연한 일이었다. B의 그는 최선을 다해 그녀를 사랑해주었지만 그녀는 사랑이 부족해서 믿지 못하는 것이 아니라 사랑이 넘쳐서 믿지 못한 것이다. 그리고 그 내면에는 나는 이런 지대한 사랑을 받을 자격이 없다는 자격지심마저 깔려 있었다.

여태 만난 남자들 모두가 그랬으므로 그 또한 마찬가지로 자신을 떠날 것이라고 생각해온 B는 버림을 받기 전에 차라리 먼저 버리겠다고 선수를 쳤다. 그리고 아주 오랜 후에야 그가 진정으로 자신을 사랑했음을, 그리고 자신이 그가 아무리 사랑한다 말해도 믿지 못했기 때문에 상대에게서 늘 부족함을 느꼈음을 알게 되었다.

사랑이 부족하다고 느껴진다면 일단 나 역시도 상대에게 부족한 사랑을 주고 있는 건 아닌지 살펴볼 필요가 있다. 가는 정이 있어야 오는 정이 있다고 사랑은 일방적으로 한 사람이 나머지 한 사람에게 한없이 퍼주는 것이 아니다. 이쪽에서도 어느 정도 사랑을 주고 또 사랑을 믿어야만 유지될 수 있는 것이다.

결국 B는 상대방뿐 아니라 자기 자신조차도 믿지 못했기 때문에 그녀에게 찾아온 사랑을 잃고 말았다. 현재 B는 또 다른 남자와 연애중이지만 여전히 같은 잘못을 되풀이하고 있는지도 모른다. 계속 사랑이 부족하면 부족해서, 사랑이 넘치면 넘치는 대로 이런 사랑을 내게 줄 리 없다고 생각한다면 그 사람은 어떤 연인을 만나도 오랫동안 관계를 지속하기 힘들다.

혹시 언제나 사랑이 부족하다고 생각된다면 내가 사랑 자체를 의심하고 있는 건 아닌지 살펴보길 바란다. 또 이 사랑을 받을 자격이 없다고 생각하기 때문에 그 사랑을 믿지 못해서 부족함을 느끼는 것은 아닌지 의심해볼 필요가 있다. 그래야 앞으로 제대로 된 사람과 제대로 된 사랑을 할 수 있을 것이다.

이제는 좀 나아졌지만, 그래도 정신과에 대한 편견은 여전하다. 처음 진료실을 찾는 분들은 하나같이 "여기는 미친 사람들만 오는 줄 알았어요"라며 자신들의 사연을 풀어놓기 시작한다. 믿길지 모르겠지만 그 사연들의 대부분은 하나같이 애인이나 배우자에 대한 의심, 다시 말해 의부증이나 의처증과 관련된 고민이 압도적으로 많다. 차마 쑥스러워 속내를 드러내지 못한 채 두통이나 불면증과 같은 증상만 말씀하신 분들까지 합치면 아마 그 수는 훨씬 더 많을 것이다.

앞서 얘기한 B의 경우도 마찬가지다. 그녀의 연인은 그녀에게 너무나도 완벽했지만, 정작 그녀는 그의 사랑을 버거워하고 있다. 결국 그들을 덮친 건 아름다운 사랑의 무지개가 아닌 의심과 불안이란 먹구름이었다. 진료했던 한 여성도 비슷한 고민으로 힘들어 했는데, 그녀가 연인을 향해 의심을 품었던 이유는 단 한 가지, 상대의 그런 대접이 낯설었기 때문이다. 그러나 단지 어찌 할 바를 몰라 사랑을 그만두었다는 말이 당시엔 너무도 이해하기 힘들었다. 하지만 상담이 더 진행되면서 그 낯설음이 왜 두 사람의 사랑을 갈라놓았는지 알았다. 그녀가 믿어온 사랑이란 집착, 괴롭힘, 비난, 울부짖음 등의 강렬한 장면이 반드시 포함되어야 했던 것이다. 자신을 학대하기도 하며 괴롭힘을 주는 남자야말로 사랑을 솔직히 표현하는 사람이라고 믿어왔던 것이다. 이런 믿음이 그녀가 연인을 의심하게 만든 배경이었다. 그건 그녀가 가학-피학 관계에서 정을 느껴온 탓이기도 하다. 서로 배려하고 존중하는 이른바 평등한 관계의 경험이 거의 없다보니, 진솔한 사랑 표현을 단지 가식으로 여길 수밖에 없었던 것이다.

의심의 두 번째 뿌리는 그녀의 열등감이었다. 연인에 비해 상대적으로 외모나 스펙이 모자란 그녀는 매번 자격지심을 느껴왔다. 열등감은 가학-피학 관계의 양상을 더욱더 강화시킨다. 그러니 열등감이 많은 그녀에겐 따사로운 연인의 배려가 그저 낯설 수밖에 없었을 것이다. 열등감이 무서운 또 다른 이유는 자유로운 생각을 방해해 돌덩이처럼 딱딱한 망상을 형성하기 때문이다. 그 결과 그녀는 이런 멋진 남자가 자신에게 잘해준다는 사실을 받아들이지 못한 채 불행히도 그에게 다른 여자가 있을 것이라는 망상을 품기에 다다랐다. 사랑에 대한 잘못된 믿음과 열등감이 아쉽게도 그녀의 행복을 앗아간 셈이다.

왜 우리는 데이트할 때 솔직하지 못할까?

얼마 전 아끼는 후배가 오랜 연애 공백기를 깨고 드디어 마음에 드는 남자를 만나서 데이트 중이라는 소식을 전해 들었다. 나는 그녀에게 '연애하니까 좋지?'라는 문자를 보냈는데 그녀의 답변은 약간 의외였다. 좋은 건 고사하고 힘들어 죽겠다고 했다. 대체 어떤 사람을 만나서 데이트를 하기에 한참 좋을 이 시기에 힘들다고 말하는 건지 궁금해 그녀에게 전화를 걸었다. 그녀는 피곤에 잔뜩 절은 목소리로 힘없이 말했다.

"선배도 데이트가 어떤 건지 잘 알잖아요. 잘 보이려고 계속 노력해야 하고… 그 사람이 진짜 내가 어떤 앤지 알게 될까 봐 노심초사해야 하고. 아무튼 요즘 정말 피곤해요. 만나고 나면 진이 다 빠져서 돌아와요."

그녀의 말을 다 들은 나는 그녀가 데이트 중에서도 굉장히 피곤한 데이트를 하고 있다는 것을 알았다. 자신의 실제 모습과 마음을 감춘 데이트. 그것은 그녀의 말처럼 기분 좋은 설렘이 아닌 진이 다 빠지는 힘든 일이었던 것이다.

그렇다면 왜 여자들은 데이트할 때 솔직하지 못한 것일까?

그것은 있는 그대로의 솔직한 나를 보여주면 그 사람이 나를 사랑하지 않게 될 것이라는 두려움 때문이다. 나의 이런 모습을 알아버리면 그가 실망할까 봐 데이트하는 내내 자신을 숨기느라 가면을 쓰고 기여도 아닌 척, 아니어도 긴 척하느라 힘이 드는 것이다.

물론 여자들은 데이트할 때 어느 정도의 내숭이 있어 종종 진짜 속마음을 숨긴다. 적당히 나를 포장하기도 하고 그 사람이 바라는 여성상에 가까운 모습을 흉내 내기도 한다. 하지만 이건 내 후배처럼 데이트 자체가 피곤할 정도는 아닐 것이다. 후배가 하고 있는 데이트는 이 정도를 넘어서서 아예 자신을 잃어버린 채 다른 사람인 척하며 데이트를 하고 있었다.

자신과 완전히 다른 모습을 연출하는 이유는 딱 한 가지, 바로 상대방이 아닌 내 스스로가 내 모습에 만족을 하지 못하기 때문이다. 내가 봤을 때 나의 만족스럽지 못한 부분에 대해 감추거나 혹은 거짓말을 함으로써 좀 더 그럴싸한 나를 만들어야 사랑받을 수 있는 자격이 있다고 생각하는 것이다. 그러나 세상에 있는 그대로의 나를 백퍼센트 다 보여줄 수도 없고, 또 나의 모습이 모두에게 좋은 평가를 받을 만한 모습도 아니겠지만 그래도 우리는 스스로에게 솔직해질 필요가 있다. 상대에게 거짓말을 하거나 특정한 모습을 숨기는 것이 문제가 아니라 내가 나를 인정하지 못하는 것이 문제다. 자기 자신에 대해 자신감이 없으면 연애할 때만 문제가 되는 게 아니다. 이게 좀 더 심각해지면 어느 누구에게도 솔직한 자신을 보여주지 못한다.

내가 아는 지인 중 한 명은 내가 볼 때 별로 필요치도 않은 거짓말을 끊임없이 했다. 그는 심지어 가족 관계와 자신의 이름, 직업까지 모든 것을 자신이 만든 모습으로 말했다. 그것은 비단 거짓말을 하느냐 그렇지 않느냐의 문제만은 아니다. 언제나 남에게 가면을 쓰고 대해야 한다는 것은 당사자에게도 무척 피곤한 일이다. 더 큰 문제는 나중에는 자신조차도 자신이 만든 가면을 스스로 진짜라고 믿는 것이다. 그러면 그때부터는 거짓말을 해야 할 상황이나 필요에 의해서가 아닌 말 그대로 입만 열면 자신에 대한 모든 얘기들이 다 거짓말이 되는 상황이 온다.

데이트 초기에는 상대에게 잘 보이기 위해서 실제의 나보다 약간은 과장되게 또 어떤 부분은 축소시켜서 보여줄 수도 있다. 하지만 깊은 관계가 되었음에도 불구하고 자신에 대해 솔직해지지 못하면 그 연애는 결코 행복한 연애가 될 수 없다. 결국 그는 나를 사랑하는 게 아니라 내가 만든 '나였으면 좋겠다'라고 생각되는 사람을 사랑하는 것임을 잘 알기 때문이다. 그래서 끊임없이 그가 나의 진짜 모습을 알면 헤어지게 되지는 않을까 혹은 버림받지는 않을까 불안해진다.

굳이 보여주고 싶지 않은 모습까지 모두 드러내야 한다고 말하고 싶진 않다. 다만 솔직한 나를 보여주고 그 솔직한 나를 그가 사랑해주는 것이 진짜 제대로 된 사랑이라는 얘기를 하고 싶다. 진심은 통하기 마련이고 진심이 아닌 것은 언젠가 어떤 형태로든 드러나게 마련이다. 아무리 자신은 철저하게 거짓말을 한다 하더라도, 혹은 스스로도 그 거짓말을 믿을 정도로 이제는 거짓의 나에 더 익숙해져 있다 하더라도 우리는 그 함정에서 빠져나와야 한다.

내가 아닌 나, 가짜의 나를 사랑해주는 것은 아무 의미도 없거니와 언제든 진짜의 내가 밝혀지는 그 순간 그 연애는 물거품처럼 사라질지도 모른다. 이왕이면 좋은 모습을 보여 행복한 연애를 하는 것까지는 좋지만 그 이상을 넘어서서 거짓말을 한다면 그 연애는 결코 행복할 결말을 맺을 수 없을 것이다. 설사 상대가 내 거짓말에 완전히 속고 있다 하더라도 나중에는 스스로가 그 사랑이 거짓 위에 지어진 위태로운 관계라는 생각이 들 때면 그의 사랑이 공허하게 느껴질 것이 분명하다.

내 모습 중에 무언가가 마음에 들지 않는다면 차라리 내가 그 모습을 바꾸는 것이 훨씬 더 건강한 연애가 될 것이다. 숨기는 것보다는 바꾸는 쪽을 선택하자. 사람은 바뀌지 않는다고 말하지만 그건 변화하려고 노력하지 않은 자들의 말일 뿐이다.

심리 **피처링**

우리는 '갑옷'을 입을 수밖에 없기에

그의 시선이 연인인 그녀가 아니라 딴 여자를 향하고, 게다가 친절하지 못한 그의 무뚝뚝한 말투까지 그녀를 아프게 한다면? 물속에서 떠오를라 치면 가라앉게 하고 동그란 원을 그릴라 치면 뾰족한 각으로 찔러버리는 그는 참 나쁜 남자다. 그런데도 여자는 이 남자를 쉽게 놓지 못한다. 오히려 그에게 점점 더 익숙해져간다는 사실이 그녀를 더욱 비참하게 만든다. 그러면서 그녀는 고민한다. 독화살과 같은 그의 말과 행동에서 어떻게 하면 다치지 않을 수 있을지. 그러다 떠올린 묘책은 나풀거리는 시폰 드레스를 입는 대신, 중세 기사가 입었을 법한 딱딱한 '갑옷'을 입는 것이다. 그 '갑옷'은 상대가 쏘는 화살로부터 우릴 다치지 않게 보호해줄 뿐만 아니라 본의 아니게 홧김에 쏠지 모를 그녀의 화살까지 저지시켜주는 마력까지 지니고 있다. 무거운 그 '갑옷'을 다 입었다면 비록 독이 배인 말이 날아오더라도 이젠 더 이상 걱정이 없다. 그 안에서 우린 그저 '훗Hoot!' 하고 한 마디 뱉어주면 그만이니까. 이것이 그룹 '소녀시대'가 노래 '훗'을 통해 알려준 '우리가 갑옷을 입어야 하는 이유'다.

'소녀시대'가 마음의 갑옷을 노래했다면 영국의 정신분석학자 빌헬름 라이히Wilhelm Reich는 성격의 갑옷을 이야기했다. 다른 사람들 앞에서 철갑과 방패로 무장한 것 같은 모습을 일컫는 정신의학적 용어인 성격 갑옷Character Armor은 우리 내면의 약점이 밖으로 드러나는 것이 두려워 만들어낸 마음의 껍질이다. 진취적이고 넘치는 카리스마로 어필하지만 실제로는 겁 많고 소심한 정치인들부터, 폭발적인 가창력과 넘치는 개성을 가졌음에도 그저 수더분하고 평범하게 지내온 '슈퍼스타 K'의 출연진들까지. 현대를 살아가는 우리에게 성격 갑옷은 이미 심리적 필수품이 되어버렸다.

하지만 인간의 본성이란 마치 상자 안에 눌러놓은 용수철과 같아서 조금만 틈을 주면 언젠가는 밖으로 튀어나오기 마련이다. 영화 〈아바타〉가 흥행에 성공하고, 수많은 온라인 게임들이 인기를 모은 것도 어쩌면 갑옷 속에 꽁꽁 묶어놓은 자신의 참모습을 확인하고픈 욕구 때문일지도 모른다.

사실 성격 갑옷을 입어야 하는 시대는 이미 프랑스의 사회학자인 장 보드리야르Jean Baudrillard의 저서 《시뮬라시옹Simulacres et Simulation》에서 예측된 바 있다. 현실보다 더 만족스러운 대체 현실에 대한 갈망을 예언한 그의 사상은 〈공각기동대〉란 애니메이션과 영화 〈매트릭스〉와 〈아바타〉를 거쳐 〈인셉션〉으로 계승되기에 이른다. 이들 영화 속 주인공들은 하나같이 고통스런 현실을 받아들이지 못한 나머지 또 다른 세계로의 진입을 시도한다. 21세기를 사는 우리에게 이런 얘기는 더 이상 SF영화에서나 볼 수 있는 허황된 이야기가 아니다. 트위터나 페이스북 같은 가상공간이 점차 활성화되면서 우린 직접 얼굴을 마주 보며 소통할 기회를 잃어가고 있다. 그럼 우린 왜 굳이 성격 갑옷을 입어야 하는 세상에 살게 된 걸까.

그건 마치 오랫동안 해수욕을 마치고 난 뒤 피부에 햇볕 화상을 입은 나 자신을 떠올리면 이해가 쉬울 것이다. 검게 그을린 피부 사이로 발갛게 달아오른 부위가 행여 누군가와 스치기만 하면 너무나 쓰라리듯이, 마음을 싸고 있는 껍질 또한 너무 약하거나 밑바탕의 알맹이가 썩 영글지 못하면 정서적인 자극에 대한 반응 또한 민감해진다. 그래서 강렬한 자극을 주는 태양을 피해 음지에서 살 수밖에 없는 뱀파이어를 다룬 영화나 드라마가 최근에 많은 인기를 구가하는지도 모른다.

외로움과 우울을 호소하며 내원했던 수미 씨가 떠오른다. 20대 중반이었던 그녀는 굉장히 붙임성이 좋고 싹싹한 아가씨였다. 그러나 한편으로는 그녀의 그런 성격이 왠지 모르게 불편해 보였다. 항상 무언가를 말해야 한다는 강박감에 쫓기는 그녀는, 마치 언제나 사람들을 즐겁게 해야 한다는 압박감에 시달리는 토크쇼의 진행자 같았다. 자신이 모든 분위기를 책임져야 한다는 의무감은 일상생활에서도 마찬가지였다. 그래서 그녀의 인간 관계는 재미도 있었지만 다른 한편으로는 피곤할 정도로 부담이었다. 연애 관계에서도 마찬가지였다. 그녀는 항상 자신보다 남자 친구가 우선이었다. 언제나 결혼까지 염두에 두고 이성을 만날 정도로 철두철미했기 때문에 시간이 지나 상대에 대한 실망이 늘어갈 때마다 불안은 점점 심해졌다. 자신이 선택한 사람이라 누구를 나무랄 수조차 없었기 때문이다. 그래서 연인과 있어도 마음속은 항상 공허했다. 언제부턴가 그녀는 과연 그 사람을 진정으로 사랑하는지 의문이 들었다. 하지만 그 의문조차 진지하게 생각할 시간을 그녀 자신에게 허락하지 않았다. 이런 의문을 품는 자체가 이기적이고 몰인정한 여자가 된 것 같은 느낌을 주었기 때문이다. 수미 씨는 이른바 '가짜 자기 장애False Self disorder'를 앓고 있었다. '진짜 자기True Self'가 자신의 진정한 참 모습을 뜻한다면, 가짜 자기는 '성격 갑옷'을 입은 또 다른 자기의 모습이다. 언제나 친절한 텔레마케터와 같은 그녀의 모습이 가짜 자기였다면, 그녀의 진짜 자기는 내면 어딘가에 꽁꽁 묶여 있는 것이다. 마치 알맹이가 빠진 것 같은 공허감에 항상 시달렸던 이유 또한 그녀 자신만의 끼와 감각을 느끼지 못하며 살아왔기 때문이다.

인질로 잡힌 사람들이 인질범들에게 정신적으로 동화되어 오히려 자신들을 볼모로 잡은 범인들에게 호감과 지지를 나타내는 심리 현상을 '스톡홀름 증후군'이라 한다. 1973년 스웨덴 스톡홀름에서 은행에 침입한 4명의 무장 강도가 은행 직원들을 볼모로 잡고 6일간 경찰과 대치한 사건에서 처음 관찰되었기 때문에 이런 이름이 붙었는데, 당시 인질들은 처음엔 범인들을 두려워했으나 시간이 흐르면서 차츰 그들에게 동화되어갔다. 급기야는 자신들을 구출하려는 경찰들을 오히려 적대시하고, 사건이 끝난 뒤에도 강도들에게 불리한 증언을 하지 않았다.

믿기 힘들겠지만 우리 또한 어릴 적 이런 스톡홀름 증후군을 한 번쯤 겪으며 성장했다. 굳이 대입을 하자면 그 아이들을 볼모로 잡은 범인은 아이러니하게도 그 아이들의 부모다. 인질이 되어버린 일반 시민들이 범인에 동화되듯 자신들의 가치관을 지나치게 강요하는 부모 밑에서 자란 아이들은 결국 그들만의 끼를 잃어가며 부모의 가치관을 무력하게 흡수한다. 그래야만 부모와 함께 살며 연명할 수 있기 때문이다. 연약한 아이들은 파워 게임에서는 이미 부모와 상대조차 되지 않는다는 걸 너무나 잘 안다. 결국 그들은 새싹같이 성장하는 그들만의 끼와 창조성을 스스로 묵살하며 포기해나가는 것이다. 학생이 된 그들은 마음에 들지 않는 교복을 입고서도 웃으며 등교하고, 자습 시간엔 공부가 맛있다며 영어 사전을 꾸역꾸역 먹는다. 도전이란 미명하에 자격증 수집가가 되더니 어느덧 나이가 들어서는 죄다 공무원 시험 준비로 학원에 매달린다.

연인을 선택하는 기준 역시 자신의 주관은 뒤로한 채 굉장히 현실적이 되어버렸다. 《로미오와 줄리엣》 같은 이야기는 그저 소설 속에서나 나오는 얘기로 치부한 채, 네가 하고 싶은 대로 살면 된다는 가수 DJ. DOC의 랩은 어느새 가장 위협적인 슬로건이 되어버렸다. 그들이 이렇게 되어버린 건 정신분석가였던 도널드 위니캇Donald W. Winnicott이 얘기한 부모의 '침해Impingement' 때문이다. 성격 갑옷은 냉담한 부모의 강요와 침해에 나름 능동적으로 맞서기 위한 보편적 아이템이다. '언제나 착하고 말 듣는' '상냥하고 선한' 등과 같은 성격 갑옷의 브랜드들은 하나같이 객관적인 자신을 돋보이게 할 뿐 아니라 부모의 야단과 잔소리도 막아주는 이중 보호 기능으로 비난과 자극이 넘쳐나는 세상을 살아가기에 더할 나위 없는 안전함을 보장한다. 하지만 그 결과 우린 참된 나를 느끼지 못하는 비극에 빠진다. 대인관계 정신치료의 창시자인 설리반Harry Stack Sullivan은 얘기했다. 과거의 자신을 '나'와 '어머니의 아들로서 나'로 느낄 때가 있었다고. 어머니의 아들로서 자신은 그저 어머니의 환상을 걸친 옷걸이에 지나지 않았다고 고백한 그는, 확고한 자기감각과 자신만의 개인적 의미를 창출해내는 삶이야말로 진정한 치료의 목표라고 주장했다.

1997년 페루의 한 도시 리마에선, 반정부 조직 요원들이 인질들을 무려

127일 동안이나 감금한 일이 있었다. 그런데 그들은 놀랍게도 차츰 인질들에게 동화되어 가족과 안부 편지를 주고받고, 미사를 개최하는 등의 현상을 보였다. 스톡홀름 증후군과 달리, 인질범들이 인질들에게 정신적으로 동화되어 자신을 인질과 동일시함으로써 공격적인 태도가 완화되는 현상을 '리마 증후군'이라고 하는데, 이 사실은 변질된 우리 내면에 평화를 찾는 희망의 단서가 된다.

솔직하기가 두려워 성격 갑옷을 입는 사람들에겐 종종 진짜 자기를 부끄러워하게 만드는 몇 가지 지배적인 생각을 발견할 수 있다. 집단치료 시간에 내담자들이 얘기하는 몇 가지만 예를 들어보겠다. '남자가 감정을 느끼거나 드러내면 안 된다' '여자가 술과 담배를 하면 부끄러운 것이다' 심지어는 '손윗사람을 거역하면 안 되고 손아랫사람은 챙겨줘야 한다'라는 생각을 가지고 사는 분도 있었다. 그러면 과연 이런 사람은 언제 제대로 편히 쉴 수 있단 말인가? 외상 치료 학회에서는 이를 차단 믿음Blocking Belief이라고 한다. 진짜 자신을 느낄 수 있으려면 부모의 침해로 인해 발생된 차단 믿음을 없애야 한다. '솔직하면 바보다'라는 생각 또한 이전 세대에서 잘못 각인된 차단 믿음일 수도 있다. 우린 이런 차단 믿음을 찾고 또 버리는 연습을 해야 한다. 시대가 아무리 흘러도 대부분의 사람들은 솔직한 사람들을 좋아하게 되어 있다. 솔직한 사람이 제대로 대접받는다. 그래도 혹시나 미심쩍어 계산적으로 살고 싶다면, 그 또한 궁극의 계산적인 삶이 솔직함이란 사실을 깨달을 때가 올 것이다. 만일 조금이라도 계산적인 사람으로 낙인찍힌다면 진정 그는 계산을 덜한 사람일 것이다. 정말 계산적인 사람은 현명한 사람이다. 현명한 사람은 진솔함이 제일임을 알기 때문이다.

왜 나만 이 사람을 사랑한다고 느끼는 걸까?

사랑을 하면서 가장 힘든 순간이 있다면 그것은 바로 나 혼자만 그 사람을 사랑하고 있다고 느끼는 순간일 것이다. 사랑의 무게라는 것이 양쪽 저울에 올려놓았을 때 똑같으면 다행이겠지만, 대부분 한쪽이 내려가면 다른 한쪽은 올라가게 되어 있다. 그리고 인간은 누구나 자신이 올라가는 쪽 저울이기를, 즉 상대가 나를 더 많이 사랑하기를 바란다.

내가 그 사람에게 신경 쓰는 만큼 상대가 나에게 신경 쓰지 않을 때 '혼자 사랑하고 있는 건 아닐까?' 하고 생각하게 된다. 전화를 받지 않아도 걱정하지 않는 그, 늦게 들어가도 간섭하지 않는 그, 누굴 만나 어디서 무엇을 하든 무한한 자유를 주는 그는 일면 나에게 아무런 관심도 없어 보인다.

그렇다면 사랑의 형태는 모두 같은 것일까? 사랑한다면 누구나 전화해서 어디에 있냐고 묻고 몇 시에 들어갈 것인지 체크해야 하는 걸까? 기념일을 챙기고 무슨 날이 될 때마다 이벤트를 해야 하는 걸까? 불행하게도 사랑의 모습은 모두 다르다. 그러니까 내가 사랑하는 방식과 상대가 사랑하는 방식에는 차이가 있을 수 있다. 이 차이를 인정하지 못하면 그가 나를 사랑한다는 사실을 매번 오해할 수가 있다. 왜냐하면 그는 매번 내가 원하는 방식으로 사랑해주지 않기 때문이다.

사랑을 하는 방법의 차이에는 여러 가지가 있겠지만 서로 간섭하는 것이 사랑이라 느끼는 사람이 있는가 하면, 상대를 믿고 상대에게 자유를 주는 것이 사랑이라 생각하는 사람도 있다. 이 차이를 알지 못하면 우리는 서로가 서로를 사랑하지 않는 것으로 생각하고 고민에 빠지는 것이다.

사람은 누구나 자신이 했던 일들은 잘 기억한다. 하지만 남이 한 일은 잘 기억하지 못한다. 그래서 내가 했던 일들에 지나치게 의미를 두고, 상대가 나를 사랑하지 않는다고 생각하는 것이다. 동시에 상대의 행동은 대수롭지 않게 여긴다. 이른바 '날 사랑한다면 그쯤은 해야 하지 않겠어?'라는 마음이 작동하는 것이다.

또 한 가지, 사랑한다는 자체를 믿지 못하는 사람들이 있다. 이런 사람들은 상대가 아무리 사랑한다는 사인을 보내도 그 사인을 결코 있는 그대로 받아들이지 못한다. 대게 이런 사람들은 심한 자격지심이 있어서 상대의 말이 진심이 아닌 그냥 나를 떠보려고 하는 말 정도로 생각한다. 그저변에는 '나 같은 인간은 사랑받을 자격이 없다'는 아주 어리석은 생각까지 깔려 있다.

우리가 사랑을 하면서 결코 잊어서는 안 될 사실은 사랑은 꼭 상대적이지는 않다는 것이다. 내가 이만큼 널 사랑하니까 너도 이만큼 날 사랑해야 한다는 공식은 적어도 사랑에 있어서는 잘 들어맞지 않는다.

그리고 또 하나 짚고 넘어가야 할 문제가 있다. 남자들은 사랑이 1순위가 아니라는 것이다. 연애 초반에는 1순위일 수 있지만 시간이 지나면 일이나 더 중요한 일들 뒤에 사랑을 놓게 된다. 하지만 여자들은 오히려 그 반대다. 처음에는 사랑이 1순위가 아니었다 하더라도 사랑하는 시간이 길어지면 길어질수록 그녀들은 사랑을 제1순위로 올려놓기를 주저하지 않는다. 그만큼 여자에게 있어서 사랑이란 그 어떤 것보다도 가치 있고 중요하다. 물론 남자들도 사랑을 중요하게 생각하지만 모든 걸 제쳐두고서라도 사랑하는 사람에게 신경을 쓸 만큼 사랑을 대단하게 생각하지 않는다. 여자 입장에선 우스운 얘기지만 어쩌면 그들은 컴퓨터 게임을 하느라 하루 종일 연락을 하지 않을 수도 있다. 회사일이 바빠지면 또 그만큼 연락이 뜸해질 수도 있다. 그러나 여자들은 아무리 바빠도 화장할 시간이 있는 것처럼 사랑하는 사람에게 전화할 시간 정도는 충분히 낼 수 있다고 생각한다. 문제는 남자는 여자처럼 멀티태스킹 능력, 즉 한 번에 여러 가지 일을 처리하는 능력이 현저하게 떨어진다는 것이다. 여자는 전화를 받는 동시에 TV를 시청하고 빨래를 정리할 수 있지만 대부분의 남자들에게 이 세 가지를 한꺼번에 요구한다면 그는 어느 것 하나도 제대로 해내지 못한다. 그래서 남자들은 항상 1순위가 필요한 것이다. 만약 남자에게 사랑을 1순위로 놓을 것을 요구하면 그는 회사일과 그 밖의 모든 것에 지장을 받을 수도 있다.

그럼 남자들은 대체 왜 이런 것일까? 그 해답은 원시 시대로 거슬러 올라가 찾을 수 있다. 남자들은 그 무렵 주로 집을 떠나 사냥을 했다. 어떤 동물들보다도 약한 신체조건을 가졌던 인간에게 사냥이란 고도의 집중력을 필요로 하는 것이었다. 이때 만약 조금이라도 딴 생각을 하거나 정신이 다른 곳에 팔려 있다면 사냥은커녕 그 자신이 다른 동물의 먹잇감이 될 수도 있었다. 하지만 집 안에 남겨진 여자들은 다르다. 그녀들은 비교적 안전한 곳에서 가족들을 돌보며 이웃과 서로 물물 교환을 하다 보니 커뮤니케이션이 발달했다. 때문에 여자들은 한꺼번에 비교적 여러 가지 일들을 잘 처리할 수 있는 반면 남자들은 중요하다고 생각하는 것을 먼저 처리해두고 나머지 것들은 그다음에 처리하는 시스템으로 발전하게 된 것이다.

이제 그가 당신에게 전화하지 않는 이유를 알겠는가? 그는 당신을 사랑하지 않아서도 아니고 이 사랑을 가볍게 여겨서도 아니다. 단지 그는 사랑을 1순위에 놓지 않았을 뿐이다. 그에게 있어 사랑이란 다른 모든 것들을 처리하고 난 다음의 문제이기 때문이다. 그러나 만약 여기서 사랑이 1순위여야 한다고 떼를 쓴다면 당신은 그 남자의 스펙을 포기할 자신이 있어야 한다. 왜냐하면 그는 1순위인 사랑에 신경을 쓰느라 직장에서 업무를 제대로 처리할 수 없을 것이기 때문이다.

마지막으로 이렇게 이해심을 발휘해도 여전히 나만 상대를 사랑한다고 느껴지고 그가 옆에 있어도 마치 없는 것 같다면 그땐 한번 자신의 사랑을 체크해볼 문제다. 아무리 바쁘다 하더라도 일단 바쁜 일이 끝이 나면 남자들도 사랑을 생각한다. 그러나 이런 순간에조차 사랑에 대한 노력을 하고 있지 않다면 그는 사랑이 2순위나 3순위여서가 아닌 사랑을 하지 않고 있는 것인지도 모른다.

심리 **피처링**

항상 타이밍 좋은 사랑만 있는 건 아니다

영화 〈섹스 앤 시티 2〉에서 캐리와 빅은 드디어 부부 사이가 된다. 하지만 결혼 이후 그들은 마냥 행복하지 못했다. 결혼기념일이 다가오자, 남편 빅은 캐리에게 줄 근사한 선물을 장만하지만 설레는 마음으로 선물을 열어 본 캐리의 얼굴은 그만 굳어버린다. 빅이 그녀를 위해 준비한 것은 지미 추의 구두나 잇백도 아닌, 좌우 턴이 되는 벽걸이 TV였기 때문이다. 캐리는 좋아하기는커녕 화가 나 미칠 지경이다. 그건 단지 그녀가 TV를 좋아하지 않아서만은 아니다.

사랑하는 사람 사이에서 오가는 선물은 좀 특별해야 한다. 물론 벽걸이 TV 또한 결혼기념일 선물치고는 꽤 고가면서도 특별하다. 하지만 그 선물엔 뭔가가 빠져 있었다. 2퍼센트 부족한 그것은, 바로 상대가 원하는 바를 잘 알고 있다는 공감의 표현이다. 상대방이 무엇을 원하는지 알고 있다는 걸 확인시켜주는 것이야말로 우리가 연인에게 줄 수 있는 가장 큰 선물이자 희열이다. 하지만 빅의 선물은 그렇지 못했다. 선물이란 미명하에 그가 산 물건은 사실 그 자신이 사고 싶은 물건이기 때문이다. 그래서 캐리는 슬펐던 것이다. 결국 그녀는 그 선물로 인해 사랑의 확신이 들기는커녕 의구심만 더욱 커졌다. 그 궁금증 속엔 어쩌면 나만 저 사람을 좋아하진 않나 하는 생각 또한 있었을 것이다.

잘못된 선물 하나에 유독 캐리가 화를 내며 돌아선, 보다 근본적인 심리적인 이유는 무엇일까? 그건 내가 무엇을 원하는지조차 모르는 남자와 평생을 함께 살아야 할지도 모른다는 불안과 절망 때문이다. 그 밑바탕엔 사랑을 주는 상대에게 언제나 모종의 반응을 원하는 인간의 태생적인 한계가 깔려 있다. 더군다나 우린 정서적으로 깊은 관계를 나눌수록 더욱 상대에게 적절한 반응을 갈구하려 든다. 여기서 말한 적절한 반응이란 뜻에는 시기적절함과 공감적인 반향이란 두 가지 요소가 핵심을 이룬다. 목이 말라 우유를 기다리는 아이에게 엄마가 마냥 기다리라고만 한다면 당연히 아이는 울음을 터뜨릴 것이다. 그건 비단 아이의 갈증 때문만은 아니다. 일단 마실 생수라도 빨리 챙겨주는 엄마가 우유를 사기 위해 저 멀리 마트까지 가는 엄마보다 훨씬 낫기 때문이다. 내 마음을 알아준다는 확신이 아이를 진정시킬 수 있는 것이다.

두 번째는 공감적인 반향이다. 아이가 우유를 원하는지, 주스를 원하는지 구분해 아이가 정말로 원하는 것을 줘야 한다. 이런 원리는 연애 관계에서도 고스란히 적용된다. 달콤한 그이와의 데이트나 그녀가 좋아하는 구두 대신 TV를 받는 바람에 화가 난 캐리의 경우가 그 예가 될 수 있다. 공감을 토대로 한 적절한 반향은 둘 간의 사랑뿐 아니라 그들의 관계가 롱런할 수 있는 신뢰까지도 돈독하게 다져준다. 반대로 연인이나 배우자에게 공감적인 반향을 제대로 받지 못한다면 상대가 나를 사랑하지 않을지도 모른다는 의구심에 빠지게 된다. 만일 이런 불안이 오래 지속된다면 그건 바로 헤어짐이라는 더 극한 상황을 대비하라는 마음의 대비 체계가 작동됨을 의미한다.

사랑의 의구심을 해소하는 데 필요한 여러 마음가짐 중 하나는 서로의 오해와 실수를 인정하는 태도이다. 자신과 상대방의 욕구 사이에서 항상 제대로 된 절충안을 내놓는다고 언제나 자부하는 우리지만, 때로는 그 예상이 보기 좋게 빗나갈 때가 많다. 한 예로 어떤 커플의 경우, 서로를 향한 의구심이 섹스를 바라보는 시각 차이에서 생기기도 했다. 무조건 강하고 길게 해야 하는 것이 섹스라고 철석같이 믿었던 남자에 비해 정작 여자가 바랐던 것은 부드러움이었다. 그래서 남자와 여자는 항상 서로에게 불만족스러웠을 뿐 아니라 사랑에 대한 의구심에 항상 시달려야 했다. 이들의 오해는 만난 지 아주 긴 시간이 흘러 여자가 남자에게 자신의 불쾌한 느낌을 제대로 전달하고 난 뒤에야 비로소 풀릴 수 있었다. 만약 그들이 서로의 차이점을 조금만 일찍 알았더라도 서로를 갉아먹는 의구심의 쳇바퀴에서 벗어날 수 있었을 것이다. 그래서 자신이 상대를 불쾌하게 만들지는 않았는지 가끔은 서로 소통하는 시간을 가져야 한다. 비록 사랑하는 사이라 할지라도 서로 다를 수 있다는 것을, 우린 가끔 잊고 살아가기 때문이다.

왜 나는 되고 당신은 안 된다고 생각하는 걸까?

박진영이 쓴 노래 가사 말 중에 이런 것이 있다. '내가 해도 되는 것은 네가 해도 되고 네가 하면 안 되는 것은 나도 하면 안 된다.'

나는 이 가사를 들으면서 생각했다. 이런 공평한 연애를 하기란 얼마나 힘든 것인가 하고 말이다. 이론적으로 연애는 서로 똑같은 위치에 있어야 한다. 연애는 어느 한쪽이 다른 한쪽에게 종속되는 것도 아니며 누가 누구를 책임지고 말고 하는 것도 아니다. 책임도 반반이며 즐거움을 누리는 것도 두 사람이 똑같아야 한다는 것이 적어도 연애에 대해 사람들이 갖고 있는 보편적인 생각일 것이다.

그러나 많은 연인들이 절대 공평하지 않은 연애를 하고 있다. 나는 되지만 너는 안 되고 내가 하면 안 되는 것은 너도 하면 안 된다는 생각을 가진 연인들이 얼마나 많은가.

귀가 문제만 해도 그렇다. 내가 친구들을 만나서 늦게까지 술을 마시는 것은 괜찮지만 내 연인이 그러는 것은 안 된다. 그러면서 말한다. '너는 믿지만 네 주변의 사람들을 믿지 못하겠다고'. 그러나 이 말은 곧 상대방을 믿지 못한다는 얘기나 마찬가지다. 유혹에 넘어가는 것은 결국 본인의 동의가 있어야 한다. 또 누가 유혹해 넘어갔다고 해서 '그래 넌 가만히 있고 싶었는데 상대가 꼬리를 쳤으니까' 하며 용서해줄 것도 아니고 말이다.

나는 되는 것을 상대는 하면 안 된다는 생각은 기본적으로 이기심에서 출발한다. 나는 뭘 해도 이유가 있고 그럴 만한 사정이 있지만 자신의 입장에서 상대방은 그럴 만한 사정 같은 건 없다. 상대방은 어디까지나 누군가의 유혹에 쉽게 넘어가는 불안정한 존재고, 상대가 말하는 이유라는 것은 모두 핑계라고 생각한다. 그러니까 스스로에게는 무척 관대한 잣대를 대면서 상대에게는 가혹한 잣대를 들이대는 것이다.

이런 이기심들은 연애하는 내내 커다란 걸림돌이 된다. 자신은 조금만 화가 나도 참을 수 없으면서 상대는 아무리 화가 나도 할 말이 있고 못 할 말이 있는 것이며, 참을성이 부족한 사람이 된다. 거의 모든 문제에서 이런 공평하지 못한 이중 잣대는 트러블을 일으킨다.

과거에는 주로 남성들이 이러한 이중 잣대로 여성을 대하는 경우가 많았다. 자기는 늦게까지 친구들과 만나 술을 마시고 즐기면서 여자에게는 세상이 위험하니까 빨리 들어가라며 귀가 시간을 체크했다. 그리고 본인은 이성 친구를 만나면서 상대에게는 이성 친구를 만나지 말라고 강요했다. 이성 간에 친구가 어디 있냐고 말하면서 정작 자신의 이성 친구들은 모두 '그냥 친구'라고 말한다.

말이 나왔으니 이성 친구에 대해 짚고 넘어가자. 이성 친구란 말 그대로 동성이 아닌 다른 성별의 친구를 말한다. 진정한 의미의 이성 친구가 존재하느냐 그렇지 않느냐의 고리타분한 문제는 접어둔다 하더라도 내가 이성 친구가 있다면 상대의 이성 친구도 당연히 인정해야 한다. 그런데 불행히도 많은 여자들이 같은 여자를 믿지 못한다. 즉 내 남자 친구는 믿는다 하더라도 내 남자의 주변에 있는 여자들을 믿지 못한다. 그것은 또 다른 말로 하면 그만큼 자신이 없다는 걸 의미한다. 내 남자에게 접근하는 모든 여자들을 경계의 눈초리로 보는 것은 혹시 생길지도 모르는 불상사를 미연에 방지하는 이유가 아니라 단지 스스로에게 자신감이 없기 때문이다. 그의 애인으로 굳건한 자신감을 갖고 있다면 또 스스로에 대한 자신감을 갖고 있다면 그가 어떤 여자들 사이에 있어도 불안할 필요가 없다.

무엇보다 자신감만큼이나 중요한 것은 내 남자에 대한 믿음을 갖는 것이다. 왜 그는 유혹이 오면 스스로 아무런 제어를 하지 못하고 그냥 넘어갈 것이라고 생각하는가? 왜 내 남자는 착하고 온순해서 오는 유혹을 막지 못한다고 생각하는가? 그래서 결국 나쁜 것은 내 남자에게 접근하는 그녀들인가? 여자의 적은 결코 여자가 아니다. 적이 있다면 그것은 성별을 가리지 않는다. 그러나 많은 여자들이 여자들을 스스로의 적으로 생각한다. 이것은 연애에 있어서도 인생살이에 있어서도 결코 아무런 도움이 되지 않는다.

그렇다면 공평한 연애란 무엇일까? 박진영의 가사처럼 내가 하는 것은 너도 해도 되고 네가 해서 안 되는 것은 나도 해서는 안 되는 것이다. 내가 무언가를 할 수 있다면 그건 내 남자 친구에게도 마찬가지의 룰이 적용되어야 한다. 내가 이성 친구들을 만나서 즐거운 시간을 보낸다면 내 남자 친구도 마찬가지로 그런 시간을 가질 수 있어야 한다. 그리고 그가 나 이외의 다른 여자를 만나서 양다리를 걸치는 게 안 된다면 나 역시도 그 이외에 다른 사람을 만나서는 안 된다.

흔히 내가 하면 사랑이고 남이 하면 불륜이라는 말을 많이 한다. 이것 역시 스스로에게 무척 관대한 잣대를 적용한 사람들의 말이다. 남들이 하면 그것은 욕정에 눈이 멀어 해서는 안 될 나쁜 일을 하는 것이면서, 내가 하면 그것은 어쩔 수 없는 일생일대의 사랑이고, 그 사랑이 마침 결혼을 한 사람이라는 관대함까지 발휘한다.

또 한 가지 생각해야 할 것이 바로 질투에 관한 문제다. 이중 잣대가 적용되는 이유를 살펴보면 질투심도 많은 부분을 차지한다. 여자들은 그가 만나는 다른 여자들을 질투하고, 그가 나 이외의 다른 사람과 있는 시간을 질투한다. 그렇기 때문에 나는 되는 것이 그는 하면 안 되는 무언가가 되는 것이다. 물론 질투심은 사랑에 있어 꽃이라 할 만큼 질투심이 없는 사랑은 있을 수 없다. 그러나 질투심이 꽃이 되려면 적당한 수준을 유지해야 한다. 도를 넘어선 질투는 연애의 꽃이긴 하되 먹으면 안 되는 양귀비꽃이 되어버린다.

질투심은 사랑을 하면 누구나 생긴다. 오죽하면 신조차도 나 이외의 다른 신을 섬기지 말라고 했겠는가. 소유욕과 질투는 사랑에 있어 가장 중요한 키워드인지도 모른다. 그런데 이 질투심 역시 공평해야 한다. 나의 질투만 정당하며 상대의 질투는 쓸데없는 의심이라고 생각하는 사람들이 많다. 공평한 사랑을 하려면 이 질투심 역시 서로 공평하게 인정하고 나누어 가져야 한다.

지금 연인에게 이중 잣대를 들이대고 있는 사람들이 있다면 잘 생각해보기 바란다. 왜 자기 자신에게는 그토록 관대하면서 내 남자에게는 그렇게 가혹한지, 그리고 부족한 자신감 때문에 그의 주변에 있는 모든 여자들에 대해 불안감을 품고 있지는 않은지 말이다.

이제 사랑을 하면 자신에게 당당해지고 상대에게도 당당해지자. 그것이 나를 비롯한 세상 모든 것에 당당해지는 길이다.

앞에서 말했듯이 사랑이란 때로는 강력한 마약과 같다. 그건 우리 몸이 만들어내는 마약인 '내인성 오피오이드 물질'이란 호르몬 탓이기도 하다. 그러나 이 호르몬의 분비만으로는 평소와 달리 불편한 생각과 감정에 휘말려 괴로워하는 우리를 설명하기 어렵다. 때로는 상대의 사소한 실수 하나도 그대로 넘어가는 법이 없으면서, 내 실수에는 생각에 생각이 꼬리를 물면서까지 굉장히 관대해진다. 그래서 연인이 '너도 그렇지 않냐'며 발끈해서 다그쳐도 그 말을 전혀 인정하지 못한다. 그건 중독성 사랑이 가지고 있는 독특한 맹점 때문이다.

중독과 열정의 공통점이 있다면, 그건 바로 모순적인 우리의 행동과 태도에 까만 안대를 선사한다는 것이다. 오죽하면 일부 정신의학계에서는 중독성 사고Addictive Thinking란 용어까지 쓸 정도다. 논리적인 사고와 사뭇 차이를 보이는 이 사고의 틀 속에선, 결론을 내는 순서가 뒤죽박죽이 된다. 일반적인 사고방식으로는 이런저런 사실이나 증거를 모은 후에야 비로소 결론이 만들어진다. 이것이 바로 논리적인 사고다. 반면에 중독성 사고가 지배하는 마음의 세상은 정반대다. 그건 마치《이상한 나라의 앨리스》에서 물구나무서고 있는 듯 보이는 기괴한 스페이드 카드와 같다. 중독성 사고는 결론부터 먼저 내려놓고 거기에 필요한 사실이나 증거를 찾아 붙여나가게 만들기 때문이다. 우리 중엔 분명 '당신이 하면 불륜이고 내가 하면 낭만'임을 주장하는 사람이 있다. 평소 굉장히 논리적이며 깐깐한 사람도 유독 그 사실 앞에서는 굉장한 융통성을 발휘한다. 왜냐하면 이미 마음속에선 그 전제를 흔들 수 있는 모든 가능성을 다 막아놓았기 때문이다. 그래서 사방팔방 바람피우고 다니던 남자가 결혼할 때만큼은 처녀 장가가겠노라고 아주 태연하게 말할 수 있는 것이다. 이 뻔뻔함의 비밀은 바로 중독성 사고가 만들어놓은 틈새를 메워주는 그 무언가에 있다.

필요할 때만 이성에게 약간의 논리를 빌려 쓰는 마음의 기발한 센스를 정신의학에선 합리화Rationalization라고 한다. 실제로 중독성 사고의 경향이 짙은 분들은 자신에 대한 생각에는 지나치게 관대하지만 타인의 태도에 관한 가치관에는 정확한 잣대가 멀쩡하게 남아 있다. 그러다보니 마찰이 빚어지는 것은 어찌보면 당연하다. 이것이 바로 나는 되지만 당신은 결코 허용할 수 없는 이유다. 무엇이든 너무 길면 좋지 않다. 비록 사랑하는 과정에서 겪을 수 있는 정상적인 사고방식이라 해도 자칫 이런 생각이 지나치면 헤어짐의 원인이 될 수 있기 때문이다. 모든 중독 현상의 치료는 다름 아닌 우리 안에 있는 모순을 받아들임으로써 시작된다. 그러니 당신이 틀릴 수 있다는 사실과 모순이 존재한다는 사실을 받아들였으면 좋겠다. 왜냐하면 당신은 차가운 기계가 아닌 따뜻한 인간이기 때문이다.

왜 끊임없이 사랑받고 싶어 할까?

인간이 가진 수많은 본능 중 하나는 바로 인정받고 사랑받고 싶어 하는 욕구일 것이다. 이것은 가장 기본적인 욕구로 이 욕구가 충족되지 못할 때 사람들은 외롭다거나 공허하다는 느낌을 갖는다. 우리가 사랑하는 사람을 찾아나서는 이유도 바로 이 때문이다. 누군가에게 사랑받고 있다는 느낌은 상당한 안정감을 제공함과 동시에 나를 가치 있는 인간으로 느끼게 한다.

기억이 날지 모르겠지만 어린 시절 우리는 부모님의 사랑을 받기 위해 부단히 노력했다. 장남이나 장녀는 동생이 생기는 동시에 자신의 사랑을 빼앗길까 봐 걱정이 되어 하지 않던 투정을 하거나, 혹은 더욱 완벽한 사람이 되기 위해 노력하곤 했다. 반대로 차남과 차녀들은 장남과 장녀에게 집중되어 있는 사랑을 자신의 것으로 만들기 위해, 형보다 나은 아우가 되기 위해 끊임없이 노력했다. 이처럼 우리는 아주 오래전부터 누군가의 사랑을 받기 위해 노력하고 경쟁하는 것에 익숙해 있다.

인간은 혼자 살도록 시스템화되어 있지 않기 때문에 무리 생활을 하는 인간에게 있어서 누군가에게 중요한 존재로 인식되고 더 나아가 사랑을 받고 있다는 느낌은 무척 중요하다. 어쩌면 우리가 하는 모든 일들은 결국 누군가에게 사랑받고 싶다는 무의식에서 출발한 것인지도 모른다. 사회적으로 성공하고 싶은 이유도 그렇게 하면 사람들이 자신을 인정해주고 존경하며 더 나아가 사랑을 해줄 것이라고 믿기 때문이 아닐까.

요즘 아이들의 직업 선호도를 보면 단연코 연예인이 1순위를 차지한다. 물론 화려한 스포트라이트를 받고 잘만 하면 많은 돈을 벌 수 있다는 이유도 있겠지만 내면엔 대중의 사랑, 즉 사랑을 받고 싶은 욕구 때문이 아닌가 싶다.

그러나 연애에 있어 일방적으로 사랑만 받고 싶어 하는 것은 여러 가지 문제를 일으킨다. 왜냐하면 상대방도 마찬가지로 사랑을 받기를 원하기 때문이다. 일방적으로 무한한 사랑을 바라는 사람들을 살펴보면 어린 시절 부모에게 충분한 사랑과 인정을 받지 못한 경우가 대부분이다. 그래서 이들은 어른이 된 다음 다른 존재에게 그 사랑을 받음으로써 어린 시절의 결핍을 채우려고 하는 것이다. 특히 사람들에게 한 번이라도 소외감을 느끼거나 무리에서 인정받지 못하고 겉돌아본 사람들은 더더욱 사랑을 갈망한다. 허나 안타깝게도 연애는 혼자 사랑을 받는 것에서 그치지 않는다. 연애란 말 그대로 사랑을 주고받는 것이지 어느 한쪽에서 일방적으로 무한대의 사랑을 퍼부어주는 것이 아니다. 그럼에도 불구하고 우리는 사랑을 받기만을 원하고 조금이라도 그 사랑이 소홀해졌다고 느끼면 그때부터 끊임없이 우울해하고 불안감을 느낀다.

사랑이 한결같으면 좋겠지만 불행하게도 사랑은 늘 똑같은 무게로 존재하지 않기에 우리의 불안감을 더 증폭시킨다. 때로는 내가 뒷전이라고 느껴질 때도 있을 것이며, 또 때로는 이 사람이 정말로 나를 사랑하는지 확신이 들지 않을 때도 있을 것이다. 어린 시절 서로 엄마의 사랑을 독차지하기 위해 싸우는 형제들처럼 우리는 사랑에 있어서도 그 사람의 온 신경과 마음이 오직 자신에게만 향하기를 바란다.

그러나 그전에 반문할 것이 있다. 과연 나는 그 사람에게 그런 사랑을 해주고 있냐는 것이다. 사랑은 상대적인 것이다. 한쪽에서 일방적으로 무조건 사랑을 퍼부어주는 것은 연애 초기, 혹은 이 사람을 내 사람으로 만들어야겠다는 시작 단계에서만 가능하다. 조금씩 변하기 시작하는 그, 그리고 어쩐지 예전처럼 그에게 있어 내 자리가 그리 크지 않다고 느껴지는 것은 연애하는 과정에서 당연하게 겪어야 할 일들이다. 그럼에도 불구하고 우리는 끊임없이 사랑받고 싶어 한다. 단 한순간이라도 그 사람이 나에게 소홀하지 않고, 내가 원하는 순간에는 언제든지 달려와 나를 사랑해주기를 바란다.

그러나 나를 가장 사랑하고 인정해줘야 하는 사람은 남이 아닌 내 자신이라는 사실을 우리는 잊고 산다. 자기 자신조차 스스로를 사랑하지 않는데 다른 사람이 이 공허한 마음을 채워주기를 바라는 것은 지나친 욕심이 아닐까?

연애에는 어느 정도의 선이 필요하다. 물론 처음에는 너와 내가 한 사람인 것처럼 느껴지겠지만 시간이 지날수록 너는 너, 나는 나란 식으로 점점 분리가 된다. 남자들은 때로 자신만 바라보고 사랑만 갈구하는 여자에게 답답함을 느낀다고 한다. 그래서 가끔 이런 말들을 한다. 너 자신을 좀 찾으라고. 이것은 드라마나 소설에만 등장하는 대사가 아니다. 누군가가 내 사랑만 바라보고 그것만이 자신이 살아가는 가치의 전부인 양 군다면 그것만큼 사람을 답답하게 옭아매는 일은 없을 것이다.

사랑은 사랑하는 것 자체로 만족을 해야 한다. 그 사람에게 있어서 내 자리가 얼마만큼인지 혹은 내가 얼마나 지대한 사랑을 받고 있는지를 계산하기 시작하면 그때부터 사랑은 점점 미궁 속으로 빠진다. 하루 종일 그의 전화만 기다리고, 내가 존재하지 않는 장소와 시간 속에서도 끊임없이 나만 생각하고 나만을 바라보기를 원하는 것은 어린아이가 엄마의 사랑을 독차지하기 위해 떼를 쓰는 것과 다를 바가 없는 유아기적 사랑이다.

사랑은 시간이 지날수록 그만큼 성숙해져야 한다. 그것은 같은 공간에 있더라도 서로 다른 일을 할 수 있으며, 내가 없는 시간에는 내가 아닌 다른 것들에 열중할 수 있는 감정적 편안함을 제공해야 한다. 늘 나만을 생각해주길 바라고 오직 나를 사랑하는 것으로 하루를 채우기를 바란다면 연인은 아마 당신에게 답답함을 느끼게 될 것이다. 그리고 끝내 나에게만 목매는 사랑이 부담스러워 당신을 떠날지도 모른다.

가장 중요한 것은 스스로를 사랑하는 일이다. 남에게 사랑받고 인정받는 것도 중요하지만 그보다 더 중요한 것은 내가 나를 얼마만큼 사랑하고 아끼느냐 하는 것이다. 스스로를 사랑하는 사람들은 결코 남의 시선이

나 마음 때문에 아파하지 않는다.

보통 아기들은 3살이면 자신과 엄마를 분리해서 생각하기 시작한다. 그전의 아기는 엄마와 자신을 동일한 사람으로 생각하고 엄마가 자신이며 자신이 곧 엄마라고 생각한다. 그러나 여기서 분리가 제대로 이루어지지 않으면, 즉 너무 빨리 엄마와 감정적으로 분리가 되거나 혹은 분리가 이루어져야 할 시기를 놓쳐서 계속 엄마에게 종속되어 있으면 그 아이는 나중에 인간 관계를 형성하는 데 큰 어려움을 겪게 된다.

사랑에도 이를 적용할 수 있다. 어느 순간이 되면 우리는 하나라고 느꼈던 연인에게 감정적으로 분리를 해야 할 시기를 맞이한다. 그러나 이 시기를 놓치고 나면 연인과 제대로 된 관계를 이룰 수 없다. 끊임없이 그에게 사랑을 갈구하고 나를 매순간 왜 사랑하지 않는지 고민하는 것이다. 사랑을 갈구하는 것은 극히 자연스러운 일이지만 온통 나의 존재를 누군가에게 사랑받는 것으로만 인정받으려고 한다면 문제가 발생한다. 그 사람이 나에 대해 조금만 관심을 줄여도 이쪽에서 견딜 수 없는 공허감을 느끼게 되는 것이다.

가장 좋은 방법은 사랑을 받기만을 원하는 것이 아니라 받기를 원하는 만큼 오히려 주는 쪽이 되는 것이다. 사랑은 주고받는 것을 원칙으로 한다는 사실을 기억한다면 사랑은 그렇게 어렵지만은 않을 것이다.

위기에 처한 공주와 그녀를 구해야만 하는 백마 탄 왕자님이 등장하는 동화와 소설 덕에 많은 여성들의 마음속엔 언제나 위험에서 자신들을 지켜주고 사랑해주는 남자에 대한 환상이 있다. 하지만 막상 현실에서의 사랑은 꼭 그렇지만은 않기에 연애 초보자들은 이내 대혼란에 빠진다. 그렇게 우왕좌왕하던 그녀들은 끝내 다음과 같이 단정을 짓는다.

'내 남자가 동화 속 왕자님과 다르게 행동하는 걸 보니, 아마 난 동화 속 공주처럼 예쁘지 않나봐!'라고.

그래서 이들은 일단 자신의 신체적인 미를 가꾸는 데 필사적이 된다. 돈이 모이면 스킨케어 숍이나 성형외과에 가고, 미용과 관련된 여러 가지 정보를 얻기 위해 하루 종일 뷰티 커뮤니티에 접속해 있기도 한다. 정서적 친밀감을 나눌 자신이 부족한 나머지 신체적으로 어필해서라도 그 친밀감을 사려는 생각에 지배된다. 그 일환으로 이들은 종종 매력적이고 유혹적인 행동을 하지만 그건 성숙한 면모가 아닌 그저 관심과 인정을 받기 위한 것에 불과할 뿐이다. 그러다보니 또 다른 여성이 내 남자 주변을 맴돌 때의 불안은 남들보다 극에 달한다. 그렇지 않아도 자신이 없는데 특유의 경쟁심마저 발동되기 때문이다.

경쟁심은 때론 우리를 힘들게 만든다. 마음속에 오만가지 생각이 드는 것은 물론, 불안과 분노라는 감정까지 겪게 만들기 때문이다. 그래서 우린 때로는 합리적이고 논리적이기만 한 생각에서 벗어나고 싶은 때가 있다. 이럴 때 달콤한 백일몽과 같은 판타지는 우리에게 경쟁심과 같은 버거운 생각과 감정에서 벗어날 수 있는 용이한 도피처가 되어준다. 물론 그 내용은 끊임없이 사랑받고 관심을 얻는 눈부신 자신의 모습들이다.

우린 환상을 통해 경쟁심이나 성적욕구와 같은 위협에서 오는 불안을 피할 수 있다. 그러면서 곧잘 드라마 속 주인공이 된 것 같은 착각에 빠지기도 한다. 아직은 낯설고 위협적인 어른들의 사랑 방식에서 느껴지는 불안을 피할 수 있기 때문이다. 환상에 너무나 도취된 나머지, 종종 이들은 마음에도 없는 말들을 쏟아 붓거나 일부러 투정을 부리기도 하며, 자신을 현란한 포장지로 치장하기도 한다. 그러다 결국엔 자신의 환상과 현실이 뒤섞여버리기는 바람에 연인과 오해와 싸움이 생기기도 하는 것이다.

이런 그녀들의 공통점은 아버지와 가까운 사이를 계속 유지하기 위해 마음의 성장이 정체되었다는 점이다. 심지어 그녀들은 아버지의 취미 혹은 관심사를 따라함으로써, 아버지와 함께 있다는 느낌을 오랫동안 지속하려 하지만 언제까지나 아버지와 같이 지내며 기쁘게 해드리고 싶은 소망을 만족시킬 수는 없다. 그러다보니 그녀들의 모습은 마치 팝스타 브리트니 스피어스가 부른 노래 'I'm not a girl, not yet a woman : 난 소녀는 아니지만 그렇다고 해서 아직 여인이 된 것도 아니어요' 제목처럼 언제나 성숙한 여성성과 앙증맞은 소녀의 양극단을 오고 간다. 성장의 갈림길에 서서 방황하고 있는 셈이다. 그래서 어떨 때는 여인으로서 받을 수 있는 성숙한 사랑을, 또 어떤 때는 어린 소녀로서 바라는 애정을 원하는 것이다. 그런데 불행히도 이 두 종류의 사랑을 모두 줄 수 있는 남자는 굉장히 찾기 힘들다. 즉 어떤 유형의 사랑이 정작 나를 만족시킬 수 있는지 방향을 찾지 못하다 보니, 당사자는 끊임없이 사랑을 원하고 있다고 느낄 수밖에 없는 것이다. 결국 자신의 여성성을 얼마나 받아들이냐에 따라 사랑은 충분할 수도, 아니면 한없이 모자라게 느껴질 수도 있을 것이다.

왜 나는 섹스 후에 불안한 걸까?

많은 여성들이 섹스 후에 불안함을 호소한다. 혹시 이 남자가 나에게 원하는 것이 오직 육체적 관계에만 있는 것은 아닐까 하고 말이다. 그와 만나서 하고 싶은 일이 많지만 그는 어떤 것에도 관심을 갖지 않고 빨리 침대로 가기만을 원한다면 그 의심은 어느 정도 타당한 것이다. 그러나 그에 앞서 생각해야 할 것이 있다. 여자와 남자는 섹스를 바라보는 관점이 전혀 다르다는 것이다. 여성은 섹스를 하면 남자에게 무언가를 준다고 생각하지만 남성은 섹스가 사랑하는 사이에 있어서 당연하게 이루어지는 무언가로 생각하고 섹스를 그다지 심각하게 생각하지 않는다. 섹스에 있어 심각한 것은 오직 여성들뿐이다.

사랑을 하는 방법에는 여러 가지 방법이 있겠지만 남자들은 섹스를 일종의 거쳐 가야 하는 사랑의 한 가지 방법이라고 생각한다. 그런데 대부분의 여자들은 남자가 섹스만 원한다고 오해를 한다.

동시에 여성들은 섹스 후에도 여러 가지 친밀한 감정을 함께 공유하기를 바란다. 방금 전에 끝난 섹스가 아니라 하더라도 서로 대화를 나누고 섹스, 그 이후가 있어야 한다고 생각한다. 그러나 남자의 경우 섹스는 상당한 체력적 소모를 뜻하므로 섹스 이후에는 그저 편안하게 자고 싶어 한다. 여기서 우리는 고민을 하게 된다. 이 남자에게 중요한 것은 그저 섹스일 뿐일까? 그리고 그 대상이 나였나 하고 말이다.

실제로 남녀가 섹스를 하고 나면 그 이전과는 많은 것이 달라진다. 남자들은 불필요한 과정을 거치지 않고 바로 섹스로 돌입하기를 원하고 여성은 분위기가 충분히 무르익었을 때 비로소 섹스를 하기를 원한다. 여성에게 있어 섹스란 언제나 원치 않은 임신의 위험을 동반하므로 남성처럼 결코 섹스에 있어서 쿨하게 대처하기 힘들다. 그리고 우리가 여태 받아왔던 순결 교육에도 어긋난 것이므로 섹스는 뭔가 위험한 것 그리고 죄악이라는 느낌이 저변에 깔려 있다. 게다가 여태까지 섹스를 잘해오던 남자친구가 어느 날 갑자기 더 이상 자신과 섹스를 원하지 않게 되면 여성들에게 새로운 불안감이 엄습한다. 이제 섹스조차 하고 싶지 않을 만큼 나를 사랑하지 않는 것인가 하는 의문이 들기 때문이다. 섹스를 할 때 남자들은 시각적인 동물이므로 한 여성 하고만 지속적으로 섹스하는 것에 대해 쉽게 지루함을 느낀다. 그것은 고대에도 마찬가지였다.

여성들은 섹스를 한 남성의 아이를 낳고 그에게 의지해야만 했다. 그래야 남자가 자신과 아이를 부양해줄 수 있기 때문이다. 그러나 남자는 그렇지 않았다. 오늘날에도 많은 곳에서 남자들은 한 여성이 아닌 여러 여성과 섹스를 하고 심지어 일부다처제가 남아 있는 곳도 있다.

남성에게 있어 섹스는 욕구의 분출이다. 그들에게 욕구란 단순하다. 여성과 섹스를 하고 그 이후에 만족감을 느끼며 휴식의 시간을 갖는 것이다. 그러나 여성에게 섹스란 그렇게 단순한 것이 아니다. 그것은 사랑의 확인인 동시에 사랑의 결과이기도 하다. 여성이 섹스에 대해 그토록 많은 생각을 갖게 되는 것은 임신의 위험 외에도 자신이 줄 수 있는 마지막 한 가지가 바로 섹스라고 생각하기 때문이다. 따라서 여성이 섹스에 대해 남성처럼 쿨하게 대할 수 없는 것은 일면 당연한 이야기이다.

섹스 후에 여성이 바라는 것은 섹스가 끝나고 나서 이것이 전부가 아니라는 것을 확인받는 것이다. 그래서 섹스 후에 항상 여성들은 남성들이 좀 더 자신과 많은 대화를 나누거나 친밀감을 확인할 수 있는 무언가를 해주기를 바란다. 그리고 많은 여성들이 남성에게 가지는 의문이 있다. 자신에게 원하는 것이 오직 섹스뿐이냐는 것이다. 이것은 오래 사귄 연인이든 이제 막 섹스를 하기 시작한 연인이든 마찬가지다. 여자는 섹스에 대해 늘 불안한 마음을 가지고 있다. 그러나 그것을 섣불리 남자에게 표현하지는 못한다. 왜냐하면 그가 그 문제에 대해 어떻게 나올지 여자로서는 전혀 예측할 수 없기 때문이다. 허나 이런 불안감을 오래 가지고 계속 남자의 요구에 응할 경우 우리는 마음속의 의문을 해결하지 못한 채 늘 찝찝한 마음으로 섹스를 할 수밖에 없다.

차라리 솔직하게 남성에게 자신이 섹스에 대해 가지고 있는 생각을 말하고 또 섹스 후에 원하는 것에 대해 얘기하는 것이 좋다. 대부분 여자들은 섹스 후 가장 싫은 남자들의 모습을 담배를 피운다거나 돌아누워서 코를 고는 모습이라고 말한다. 그런 모습에 여성은 자신이 오직 섹스 도구로만 사용되었고 이제 볼일이 끝났으므로 더 이상 너와는 친밀한 무언가를 나눌 이유가 없다고 생각을 하는 것이다.

그러나 위에서도 말했듯이 섹스를 하면 하는 대로, 또 하지 않으면 하지 않는 대로 불안한 존재가 여성이다. 섹스를 하지 않으면 이제 더 이상 나를 사랑하지 않는다고 해석하고, 섹스를 하면 이 남자가 날 섹스 상대로만 생각하는 건 아닌지 불안해하는 것이다.

섹스에 있어서 쿨해지라는 얘기가 아니다. 여성은 결코 섹스에 있어서 쿨해지려야 쿨해질 수가 없다. 그러나 적어도 솔직하기는 해야 한다는 말이다. 남성에게 원하는 것을 말하지 않고 그가 모든 것을 알아서 해주기를 바라는 것은 아무리 생각해도 단순한 남성들에게 무리이다. 그들은 여성이 말하기 전에는 그것이 무엇인지 알지 못한다. 남성들은 자기들과 마찬가지로 여성들도 섹스 후에는 편안함이 찾아온다고 생각하기 때문이다. 하지만 그건 어디까지나 충분하게 친밀감을 쌓고 난 다음에 섹스를 하고, 또 섹스 이후에도 그 친밀감을 여전히 유지할 수 있을 때나 가능한 것이다. 사정과 동시에 쾌락을 맛본 남자는 섹스를 하고 나면 감정적으로 많은 것을 생각하기보다는 우선 편안하게 휴식을 취하고 싶다는 생각이 간절해진다.

섹스를 단지 육체적 관계일 뿐이라고 생각할 수도 있겠지만 섹스는 여성에게 있어 무척이나 감정적인 일이다. 몸으로 대화를 나눈다고 생각하는 여성들은 섹스가 끝나고 나서는 진짜 말로 하는 대화를 원한다. 그리고 이

과정에서 휴식을 취하려는 남성과 감정적 충돌이 일어나는 것이다.

섹스 후에 여성들이 불안해하는 것은 어느 모로 보나 당연한 일이다. 나에게서 원하는 것이 오직 육체적 쾌락일 뿐이라면 그것을 반길 여성은 아무도 없을 것이다. 하지만 이제는 섹스를 하고 나서 불안해하기보다는 어떤 섹스를 어떻게 하고 싶은지, 그리고 섹스 후에는 어떤 대화를 나누고 싶은지를 상대방에게 솔직하게 말할 필요가 있다.

심리 **피처링**

우리의 정서를 뒤흔드는 사랑의 욕구

어느 순간만큼은 그와 있는 시간이 오히려 조바심이 나기도 한다. 연인과 가질 수 있는 가장 강렬한 순간인 섹스 이후는 말할 필요도 없을 정도로 대부분 사람들이 그럴 수 있다고 느낀다. 누구나 한 번쯤은 섹스 후 가버린 그의 빈자리가 유달리 공허하게 느껴져, 오만 가지 생각과 의심이 마음속을 파고든 경험이 있을 것이다. 그날의 잠자리가 만족스러웠다 할지라도 자신은 그저 섹스 상대로 전락된 것 같은 느낌이 들 때가 있다. 만약 그와의 관계가 불만족스러웠다면 자신의 부족한 성적 테크닉을 탓하고, 그 어떤 경우라도 그가 날 좋아하지 않을 거라는 불안에 꽂히는 것이다.

섹스, 즉 성욕만큼 우리의 정서를 흔드는 욕구도 아마 없을 것이다. 프로이트가 제창한 심리 이론인 '정신성 발달 이론Psychosexual development Theory'을 보더라도 성욕은 공격적인 본성과 함께 인생의 전반을 지배하는 욕구라는 것을 알 수 있다. 그래서 성욕에 대한 태도, 다시 말해 이 욕구를 어떻게 받아들이느냐에 따라 불안과 우울과 같은 정서적 증상뿐 아니라 성격 형성도 제각각으로 나뉘는 것이다. 섹스 문제로 고민하는 사람들이 진료실을 찾아오면, 어떤 조언을 해드리기 전에 먼저 다음과 같은 질문을 한다.

"평소 성에 대해 어떻게 생각하세요?"라고.

그러면 처음에는 머뭇거리듯 망설이다가 머릿속에서 조금 정리가 된다 싶으면 폭발하듯 많은 말을 쏟아낸다. 그만큼 이 주제에 대해 평소 억눌려져 있었다는 반증이다. 어쨌든 성에 대해 이런저런 얘기를 하다보면 자신이 그동안 품어왔던 성에 대한 생각이나 느낌이 나이에 걸맞지 않게 미성숙하다는 것을 알게 되는 경우가 많다. 그건 공공연하게 성에 대해 말하는 것을 금기시해온 우리나라의 문화적 특성 때문이기도 하다. 그래서인지 우리 대부분은 성에 대해 충분히 생각할 시간 자체를 가져본 기억이 많지 않다.

전통적인 정신분석학에 따르면 인간의 욕구는 크게 성욕과 공격적 욕구로 나뉜다. 그런데 중요한 것은 이 둘 중 하나가 억압되면 나머지 다른 하나로 대신해서 해소된다는 것이다. 성적 욕구가 억압되면 공격성으로 풀리고, 반대로 공격적인 욕구가 억압되면 성욕으로 해소될 수 있다. 불행히도 우리나라는 폭력성에는 다소 관대한 편이나 성인들이 건전하게 즐길 수 있는 성문화 매체는 다른 나라에 비해 상대적으로 많이 부족한 실정이다. 그래서 폭력적인 사건 사고에는 유달리 둔감하고 성추행 사건은 날로 증가하는 현실이다. 정확한 통계는 알 수 없지만, 진료를 하다보면 상당수의 여성이 성추행을 당할 뻔했거나 성추행을 당한 기억이 있다는 사실을 알게 된다. 미국 여자 아이들의 경우, 3~4명에 한 명꼴로 성추행을 당한 기억이 있다고 하니, 우리나라의 경우는 이와 비슷하거나 더 많을 것이라 추측된다.

성폭행, 또는 성추행을 당한 기억은 섹스 후 스며드는 불안을 더욱 가중시킨다. 비단 그것은 성에 대한 혐오 때문만은 아니다. 성폭행의 기억이 그녀들에게 '내가 왜 뿌리치지 못했을까?'라는 자책어린 결론을 남기고 떠났기 때문이다. 그 결론이란 자신이 더럽혀지고 말았다는 느낌이다. 더군다나 그녀들의 내면엔 '가해자-피해자'의 구분마저 모호해지기 쉽다. 그렇기 때문에 더더욱 그 느낌을 지우기가 힘든 것이다. 전적으로 성폭력을 가한 남자에게 그 책임이 있음에도 불구하고 정작 수많은 피해 여성들은 자신에게도 일말의 책임이 있다는 생각의 끈을 잘 놓지 못한다.

섹스에 대한 혐오도 마찬가지다. 그저 쾌감을 즐기기 위한 동물적인 행위로 여긴다. 그래서 그동안 자신이 경멸해온 섹스에 자발적으로 응한다는 것은 비록 상대가 연인일지라도 심한 자기모순에 빠지게 되는 고통스런 상황이 찾아오는 것이다. 그뿐 아니라 자신 또한 별수 없는 색정의 노예라는 수치심과 모멸감, 그리고 뭔가 이 행위가 잘못되었으며 마치 처벌이라도 받을 것 같은 죄책감을 동반하게 된다. 이런 복합적인 감정들이 섹스 후 느끼는 불안의 일부를 형성하는 것이다.

한편 굉장히 개방적이며 심지어는 난잡하다는 느낌을 줄 정도의 여성들도 정작 그 속을 들여다보면 섹스를 혐오스러워 하는 여성들과 별반 차이가 없다. 과거에 당했던 설욕을 갚기 위해 섹스를 리드하는 능동적인 위치가 됨으로써, 그녀들은 수동적이고 무기력하게 당했던 슬픈 기억을 보상받고자 한다. 섹스에 대한 부적절한 각인은 어렸을 때 가까운 사람들에게 목격한 기억에 의해서 형성되기도 한다. 어렸을 때부터 아버지의 난잡한 성생활을 수차례 봐왔던 한 여성의 경우, 섹스는 물론이요 남자 전체에 대한 환멸을 갖고 살아가게 된다.

작가 오스카 와일드는 남자가 여자에게 사랑에 빠지는 이유가 다름 아닌 그녀의 연약하고 불완전한 모습 때문이라고 했다. 브이 라인의 얼굴에 에스 라인의 몸매에다 섹스 테크닉까지 완벽하게 갖춘 여성들에겐 아주 미안한 말이지만, 자비로운 큐피드의 화살은 다행히도 불완전한 여성들에게 먼저 날아간다. 일반적인 남성이라면 사랑하는 여성과 함께 잘 수 있다는 그 자체만으로도 이미 '죽어도 좋아' 모드로 돌입하며, 몸을 허락해준 여자에게 무한한 감사를 느낀다. 그러므로 섹스 그 자체에 너무 많은 의미를 두지 않았으면 좋겠다. 테크닉 또한 마찬가지로 큰 의미가 없다. 친밀감이 느껴지지 않는 섹스는 그저 공허한 것이기 때문이다. 옆에 누구는 제아무리 침대에서 날고 기고 심지어는 공중부양을 한다 해도 그다지 부러워하거나 경계할 필요가 없다. 정신의학에서도 '안정적인 친밀감'을 정상적 성행위와 변태적 성행위를 구분하는 가장 중요한 요소로 본다. 그러니 이제부터라도 그와 잠자리를 가진 뒤에 불안해하는 대신, 평소 갖고 있던 섹스에 대한 자신의 편견을 되돌아보았으면 한다.

왜 난 버림받을까 봐 우울한 걸까?

내가 알고 있는 B양은 연애 기간이 비교적 짧은 편이었다. 그리고 그 짧은 연애 끝에 언제나 그녀는 자신이 찼다는 말을 했다. 사랑이 끝나는 마당에 누가 누굴 찼고 또 누가 버림을 받은 게 뭐가 그렇게 중요하냐고 물을 수도 있겠지만, 적어도 한 번쯤 지독하게 버림을 받아본 사람은 그게 얼마나 중요한 일인지 안다. 그건 마치 처음 누가 먼저 사귀자고 말을 했느냐 만큼이나 중차대한 일이다.

B양은 시쳇말로 정말 잔인하게 남자에게 버림을 받은 기억이 있었다. 그녀의 기억은 이제 막 연애를 시작한 꽃다운 나이인 20대 초반으로 거슬러 올라간다. 그녀는 그를 너무나 사랑했기 때문에 자존심이고 뭐고 다 팽개치고 정말이지 처절하게 매달렸다. 오죽하면 그녀를 지켜보던 우리

중 하나가 '사랑이 끝나도 너라는 인간이 가진 자존심은 지켜야 하는 거 아니냐'라고 말했을 정도였다. 그러나 그녀는 끝내 버림받았다. 그리고 그녀는 말했다. 오히려 너무 심한 말을 듣고 나니 정신이 번쩍 들더라고, 그 사람에게 자신이 그 정도 존재밖에 되지 않는다는 것을 이제야 인정하게 되었다고. 거기까진 좋았다. 그런데 문제는 그 이후의 연애들이었다.

B는 언제나 버려지는 쪽보다는 버리는 쪽이 되기 위해 최선을 다했다. 만나자마자 그녀가 가장 먼저 생각하는 것은 이 연애의 끝이 언제쯤일지, 그리고 그때 얼마나 재빨리 타이밍을 맞춰서 먼저 이별 선고를 하는지였다. 고백을 누가 하든 사랑을 하며 얼마나 즐거웠는지는 그녀에게 중요하지 않았다. 그녀는 마치 이별을 하기 위해 사랑하는 사람처럼, 누군가를 차기 위해 연애를 하는 사람 같았다. 그러다보니 결코 연애가 길어질 수 없었다. 연애란 서로의 마음과 마음이 통하는, 즉 진심이 오가는 일이기 때문에 상대 남자가 정확하게 느끼지는 못한다 하더라도 이런 B의 마음을 어렴풋하게는 느꼈는지 그녀의 사랑은 오래가지가 않았다. 그러나 B는 상관하지 않았다. 그녀에게 중요한 것은 이 연애를 끝장내는 주체가 누구인가 하는 것이었기 때문이다.

그러니까 B는 다시는 버림받는 상처를 받고 싶지 않아 상처를 받느니 차라리 상처를 주는 쪽을 택한 것이다. 사람들은 상처를 받으면 그것에 단련이 되어 그다음에는 더 큰 상처를 견딜 수 있을 것이라고 착각하지만 그렇지 않다. 스트레스의 경우만 봐도 스트레스에 자주 노출된 사람은 그만큼 스트레스를 견디는 힘이 약해져서 사소한 스트레스조차 견디지 못하게 된다. 상처도 마찬가지다. 여기서는 고기도 먹어본 놈이 먹는다고 따위의 이야기는 통하지 않는다. 모질게 상처를 받으면 사람은 방어기제를 작동시킨다. 다시는 그 누구도 자신에게 이런 상처를 줄 수 없도록 철갑을 두른다. 그리고 생각한다. 이 세상에서 나를 지켜줄 수 있는 사람은 나 자신뿐이라고.

세상에 상처를 받지 않는 관계가 있을까? 나는 솔직히 그런 관계는 이 세상에 없다고 말하고 싶다. 우리는 관계를 맺음으로써 그만큼의 공감과 동질감을 얻기도 하지만 또 그만큼의 상처를 입기도 하면서 살아간다. 오히려 관계가 깊으면 깊을수록 공감받지 못하는 일이 생기거나 나를 이해해주지 못할 때 더 큰 상처를 입기도 한다. 관계라는 커다란 원 안에는 상처라는 부분집합이 포함되어 있는 것이다. 그런데 가끔 이 관계에 대해 너무 심한 상처를 입은 사람들은 '관계=상처'라는 공식을 만들어버린다. 이 사람들의 최대 관심사는 어떻게 관계를 끌어가고 유지할 것이냐가 아닌 어떻게 하면 관계에서 상처를 받지 않을까에 머물러 있다. 그러다보니 지나치게 웅크리게 되고 소극적인 태도를 취하는 것이다. 아니면 아예 반대가 될 수도 있다. 관계 자체를 별것 아닌 걸로 생각한 나머지 아무 사람이나 막 만나면서 잠깐씩만 즐거움을 추구하기도 한다. 어떤 게 더 나쁜지는 우열을 가릴 수 없지만 전자나 후자나 관계에 있어 건강하지 못한 것은 확실하다.

버림을 받을까 봐 걱정하는 사람들은 이미 버림을 받아본 사람들이다. 그게 뭔지 알기 때문에 두려운 것이다. 마치 트라우마처럼 사람을 괴롭게 만든다. 그렇다면 이 사람들이 선택할 수 있는 것은 두 가지뿐이다. 상처를 받지 않기로 작정을 하거나 (그래서 상처를 주는 쪽을 택하거나), 아니면 상처를 받을 만한 관계 자체를 만들지 않는 (진지한 관계를 갖지 않는) 것이다.

어렸을 때 학대의 경험이 있는 아이들은 어른이 되어서도 사람을 좀처럼 믿지 못하고 인간에게 따뜻한 면이 있다는 것을 인정하지 못한다고 한다. 그들은 그들이 만든 견고한 성에 스스로 갇힌 채 아무도 자신을 찌를 수 없도록 더욱더 두터운 철갑을 두른다. 물론 상처가 컸던 만큼 다시는 사람에게 다치고 싶지 않은 마음을 이해 못 하는 건 아니다. 하지만 그렇게 누구에게도 다치지 않겠다고 하는 행동이 자신에게 또 다른 상처를 준다는 사실을 알지 못하는 것이 안타까울 따름이다.

버림받지 않기 위해 늘 상처를 주는 쪽을 택하고 먼저 이별을 선고했던 B는 과연 행복했을까? 버리고 난 이후 그녀가 갖는 감정은 상처를 받지 않았다는 승리의 기쁨이 아니라 혹시 안도의 한숨은 아니었을까? 그리고 그녀가 사랑하는 동안에 이별을 생각하느라 정말 제대로 사랑이나 할 수 있었을까?

버림을 받는다는 것, 누군가에게 내침을 당한다는 것은 누구에게나 아픈 일이다. 가능하다면 그 누구에게도 그런 일은 당하고 싶지 않을 것이다. 하지만 그 두려움이 너무 큰 나머지 관계 전체를 쥐고 흔들 정도로 지배를 받고 있다면 뭔가 잘못되도 크게 잘못된 것이다. 관계에는 필연적으로 상처가 따른다. 가끔은 건강한 상처도 있고, 또 가끔은 그저 해롭기만 한 상처도 있다. 하지만 그런 상처들에 피가 흐르고 그것이 단단한 딱지를 만들고 결국에는 딱지마저 떨어지고 희미한 흉터만 남는 것은 지극히 정상이다. 그 상처를 보호하겠답시고 갑각류처럼 두터운 피부를 만들 수는 없는 일이다. 그렇다면 그 두터운 피부를 뚫고 들어오는 상처는 어떻게 될까? 두터운 피부 덕분에 한없이 몰랑몰랑해져 있는 속살은 더 깊이 더 아프게 상처를 견뎌내야 할 것이다.

연애를 하다보면 언젠가는 헤어지는 순간이 오기도 한다. 물론 누군가의 말처럼 사랑에 유통기한이 있다면 그걸 만년으로 하고 싶지만 그건 나 혼자 그렇게 결정한다고 되는 일이 아니다. 왜냐하면 사랑은 나 혼자 하는 게 아니기 때문이다. 그러니 지금부터라도 관계에 대해 필연적으로 따라오는 상처에 대해 조금은 대범해질 필요가 있다. 언젠가 상처는 아물기 마련이다. 단 그 상처를 정상적으로 건강하게 치료를 해야 아물지, 그 상처를 보이지 않게 한답시고 쇠를 더 둘러버린다면 그 안에서 상처는 더 곪고 지독한 악취를 풍기게 된다.

지금 버림받을까 두려운 사람이 있다면 그건 지극히 정상적인 감정이라고 말하고 싶다. 많이 사랑할수록 그만큼 헤어짐이, 그리고 그 헤어짐의 선고를 만약에라도 상대가 하게 될까 봐 두려운 것은 당연하다. 하지만 이건 확실하다. 모든 헤어짐이 다 아픈 상처만 주는 것은 아니라고. 그리고 상처 없이 다시 시작하는 게 사랑이 아니라 그 상처를 딛고 그 위에 새로 시작하는 것이 사랑이라고.

어떤 면에서 인간은 참 이기적인 존재다. 자신의 생존을 위해선 언제나 나를 챙겨주는 누군가와 함께 있어야 하기 때문이다. 박찬욱 감독의 영화 〈박쥐〉를 잘 살펴보면 우린 이 사실을 간접적으로 확인할 수 있다. 생체 실험에 참가하다 졸지에 뱀파이어가 되어버린 영화 속 상현의 이야기는 그저 황당무계한 뱀파이어 스토리로 보일지도 모르겠지만, 사실 이 영화는 우리 모두의 기억 저편에 숨어 있는 성장의 일면을 상징적으로 보여준다. 상현이 아프리카에서 뱀파이어로 다시 태어났다는 설정은 1987년 인류의 기원을 아프리카 지역으로 추정한 과학 잡지 〈네이처〉의 연구 결과와 무관하지 않다. 언제나 타인의 피가 필요했던 그는 마치 10개월 동안 뱃속에서 엄마의 피를 수혈받고 태어나 그녀의 젖가슴뿐 아니라 아름다움까지도 망가뜨리며 착취하는 아기를 연상시킨다.

따지고 보면 우린 누구나 지극히 뱀파이어였던 시절이 있었던 셈이다. 그래서인지 한때 미국에선 'Dirty little Mother Sucker : 엄마 빨아먹는 더

러운 꼬맹이'란 욕설에 가까운 글귀가 적힌 아기용 턱받이가 인기를 끌기도 했다.

세상에 태어난 우리는 어른이 되어서도 항상 두 가지 굶주림을 느낀다. 한 가지가 배고픔이라면 또 다른 한 가지는 사랑과 정이 담긴 애착에 대한 갈망이다. 엄마가 준 모유가 몸을 살찌운다면 애착은 우리의 마음을 먹여 살린다. 그래서 애착을 받은 정도에 따라 우린 마음의 배가 부르기도 하고 항상 고프기도 하며, 버림받을지 모르는 비상사태에 대처할 자원 또한 제각각이 되는 것이다. 그래서 유아기 시절 안정적인 애착 경험을 충분히 하지 못한 사람들은 유독 가까운 사람이나 연인에게 버림받는 상황을 민감하게 받아들인다. 어떤 이들은 견디다못해 공허감이나 반복적인 자해 행동에 빠지고, 심지어는 삶의 의미를 잃어버리기도 한다. 유기 우울Abandonment Depression이라 불리는 이 현상은 때로는 우리의 마음이 엄마와 항상 힘겨루기를 했던 만 두 살 전후에 고착되어버렸기 때문에 발생하기도 한다. 매일 엄마와 전쟁을 벌이듯 떼를 쓰는 모습이야말로 지극히 평범하고 정상적인 만 두 살 아가의 일상이다. 미운 세 살, 만으로 나이를 세는 미국에선 '공포의 두 살Terrible Two'이란 말이 괜히 만들어진 것이 아니다. 이때는 엄마들이 혈기는 왕성한데 양육에는 서툰 때인지라 아기에게도 지치면 화부터 먼저 내기 십상이다. 그래서 어떤 엄마들은 아가를 통제하기 위해 다소 위험한 히든카드를 꺼내기도 한다. 그건 바로 '네 멋대로 하다가는 내가 널 버릴지도 모른다'는 방임을 암시하는 충격 요법이다. 종종 어떤 엄마들은 실제로 아이들을 방임하거나 지나치게 감정을 실어 아이들을 체벌하기도 한다. 어쨌든 엄마에게 사랑과 지지를 잃을지도 모른다는 사실은 이 시기의 아가들에게는 굉장한 쇼크다. 그렇지 않아도 왕성히 떠오르는 아가 자신의 모험심 탓에 엄마를 잃어버릴지도 모른다는 불안이 이미 깔려 있기 때문이다. 소위 화해기Rapprochement period라고도 불리는 이 시기는 자신의 모험심과 의존심 사이에서 저울질하며 정상적인 갈등을 겪는 때다. 이때 엄마의 히든카드에 말려든 아가는 자신의 원대한 모험을 포기하고 엄마와의 의존을 선택한다. 하지만 이렇게까지 양보했음에도 불구하고 엄마가 여전히 제 역할을 해주지 못한다면, 이 아가는 나중에 극심한 공허감과 우울 성향에 시달릴 가능성이 높아진다. 이런 성향을 정신의학에선 경계선 인격 성향Borderline personality Trait이라고 한다. 이런 사람들은 감정의 조절이 잘 되지 않아 매사에 항상 충동적이고 대인관계가 언제나 불안정하다. 그래서 이들의 연인이 만약 문자를 씹는 실수라도 하면 그날은 정말이지 난리가 나는 것이다. 오랫동안 엄마에게 품고 있던 분노가 애인에게 폭발하는 순간이기 때문이다. 어릴 때 받지 못한 사랑을 커서 받으려다보니, 행여나 버림받을까 애인에게 필사적으로 매달리는 건 당연한 결과일 것이다.

하지만 비록 과거에 불행하게 성장했다 하더라도 다행히 우린 그 우울에서 벗어날 수 있는 길이 있다. 정신분석학자인 하인츠 코헛Heinz Kohut 박사는 모든 정신 증상이란 단지 마음의 성장이 '일시 정지'된 것뿐이라고 했다. 결핍된 부분만 잘 찾아서 성인이 된 지금이라도 채울 수 있다면 모자란 부분은 다시 성숙할 수 있다는 것이다. 그래서 소위 말하는 '변태'란 없다. 오로지 부분적으로 자라지 못해 '고착'된 모습만 있을 뿐이다.

유기 우울도 마찬가지다. 다른 정서나 지능은 잘 발달한 채 버려짐에 대한 두려움만 남아 있다면 이를 극복하는 방법은 단 한 가지다. 비록 시간이 걸리긴 하겠지만, 내가 버림받지 않을 수 있는 존재라는 확신이 들 때까지 대인관계에서 긍정적인 경험을 최대한 많이 해보는 것이다. 추억이 담긴 여러 가지 물품이나 자신의 행복한 얼굴을 담고 있는 사진들을 블로그에 포스팅하는 노력뿐 아니라 버려질까 두려운 상대방과 진솔한 대화를 많이 하는 것, 그리고 같이 상담을 받으며 서로의 속내를 알아가는 것, 바람직한 부모 같은 분들과 자주 만나고 소통하는 것 등등. 이런 모든 노력은 당신의 자존감을 키움으로써 여전히 그가 당신을 사랑하고 있다는 확신을 불러일으키는 데 도움이 될 것이다.

버림받을 것에 대한 두려움이 드는 또 한 가지 이유가 있다면 그건 자신의 모든 행복을 오로지 연인에게만 바라기 때문일지도 모른다. 하지만 그건 의존이지 진정한 사랑이 아니다. 그러니 연인뿐 아니라 '충분히 좋은' 멘토가 될 사람들을 자주 만나며, 좋은 관계에서 피어나는 감정적 경험을 많이 해보길 권한다.

왜 일어나지도 않을 걱정을 붙들고 사는 걸까?

통계에 의하면 대부분의 사람들이 하는 걱정 중 약 70퍼센트는 현재에 일어날 일이 아닌 미래에 일어날지도 모를 일에 대한 것이라고 한다. 그러니까 걱정의 대부분은 지금 당장 걱정할 일이라기보다는 일어나지도 않은 일에 대한 걱정인 것이다.

연애에 있어서도 이런 걱정은 마찬가지다. 어떤 정황적 증거가 없는데도 막연히 불안함을 느끼는 여자들을 본다. 내 친구 A는 남자 친구와 통화가 되지 않으면 그가 다른 여자와 있기 때문에 전화를 받지 않는 것은 아닐까, 그가 혹시나 나 이외에 다른 여자에게 마음이 끌리는 것은 아닐까 불안해하고 그가 이 사랑에 싫증이나 지겨움을 느끼지는 않는지 걱정한다.

걱정이라는 것은 늘 그렇듯 또 다른 걱정을 부르고 그 걱정은 자꾸만 구체화된다. 매일 전화가 오고 문자가 오던 남자 친구가 어느 날부터인가 뜸해지기 시작할 때, 사랑은 조금씩 다 변하는 거고 변하는 건 어쩔 수 없다고 생각하면서 어쩌면 이미 그 변화가 진행되고 있지 않은지 걱정한다. 그러나 우리는 여기서 한 가지 중요한 사실을 망각하고 있다. 그것은 정녕 그 남자 친구에게는 어떤 말도 듣지 못했고, 어떤 행동도 보지 못했다는 것이다. 물론 말없이 서서히 멀어질 수도 있는 것이 남녀 사이이기도 하지만 어떤 확신도 없이 계속해서 걱정만 하는 것은 사람을 힘들고 피곤하게 만드는 법이다.

일어나지도 않은 일에 대해 걱정하는 것은 연애에 대한 믿음이 부족하기 때문이기도 하지만 대게는 완벽주의자들이 그런 걱정을 많이 한다. 완벽주의자들은 자신이 생각하는 플랜대로 움직여야 하며 모든 상황을 통제할 때 비로소 안정감을 느끼기 때문이다. 이런 완벽주의자가 연애를 시작하면 그 사람은 끊임없이 걱정에 걱정을 붙들고 살아야 하는 상황에 처한다. 왜냐하면 연애라는 것은 혼자 하는 게 아니라서 절대로 계획대로만 움직여주지 않기 때문이다. 그 안에는 우리가 통제할 수 없는 수많은 변수들이 있게 마련이고, 결과적으로 우리가 생각했던 것과는 영 다른 형태의 연애가 될 수도 있다.

여자들이 일어나지도 않은 일에 대한 걱정을 쉽게 놓을 수 없는 것은 앞서 언급했듯 사냥을 간 남자들을 기다리는 여자의 입장에서 혹시나 이 남자가 그사이 다른 여자를 만나서 새로운 가정을 꾸리지나 않을지, 또 어디 다치지나 않을지 이런저런 걱정을 한 데서 시작하지 않았을까 싶다. 이런 걱정에서 자유로울 수 없었던 여자들은 언제나 남자의 작은 행동에도 민감하게 반응하고 그 속에 어떤 숨은 뜻이나 의미가 있는 것은 아닌지 살펴야만 했던 것이다. 그때의 기억이 유전자 속에 보관된 채 우리에게 물려진 것일까? 아무튼 연애를 시작한 여자들은 절대 걱정을 놓지 않는다. 이 사람이 나에게 진심인가부터 시작해서 나에게 바라는 것이 그냥 섹스 파트너 정도는 아닐까, 그리고 이 사람에게 오직 나뿐일까 하는 걱정들 말이다.

알다시피 남자들은 시각적인 것에 많은 자극을 받고 늘 새로운 무언가를 추구한다. 계속 눈에 보였던 익숙한 것에는 언젠가 싫증 나게 되어 있다. 그렇기 때문에 사실 여자들이 일어나지도 않은 일에 대해 걱정하는 것이 완전히 쓸데없는 걱정인 것만은 아니다. 하지만 그 걱정이 도를 넘어선다면 그리고 그 걱정이 남자에게도 고스란히 느껴질 정도라면 거기서 그만 스톱 단추를 눌러야 한다. 어떤 사람이든 지나치게 자신을 의심하고 걱정한다면 거기에 질려버릴 것이다.

내가 알던 한 친구는 사내 연애를 하고 있었다. 그 친구는 남자 친구와 같은 부서에 있기 때문에 그 남자의 일거수일투족을 다 알 수 있었다. 그래서인지 그녀는 연애를 하면서 그다지 많은 걱정을 하지 않았다. 그러나 어느 날 갑자기 남자가 다른 부서로 옮기게 되자 그녀는 그 부서에 있는 모든 여성들과 자신의 남자 친구가 연애라도 시작하지 않을지 걱정이 되어 견딜 수가 없었다고 한다. 그래서 전화를 받지 않으면 수십 통의 부재중 전화가 뜨도록 하고, 왜 전화를 받지 않는지 문자를 보내고, 만나면 그 일에 대해 끊임없이 남자를 추궁하고 닦달했다. 결국 그 상황을 견디지 못한 남자는 친구에게 이별을 통보했다. 그녀는 자신의 걱정이 현실이 되었다고 믿었다. 하지만 그녀가 여기에서 크게 착각한 것이 있다. 그녀의 걱정이 현실이 된 것이 아니라 그녀의 걱정으로 인한 행동들 때문에 결국은 그녀의 걱정처럼 사랑이 끝나버린 것이다.

남자들은 대게 구속하는 것을 싫어한다. 그들은 연애 초기에는 그런 구속을 자신에 대한 관심과 사랑으로 생각하고 은근히 즐기기도 하지만 시간이 지날수록 그런 생각들은 옅어지고 그녀의 구속을 답답하게 생각할 뿐이다.

그러므로 여자들이 먼저 그들에게 어느 정도의 자유를 주는 것이 중요하다. 걱정하는 것의 반의 반이라도 자유를 주는 데 할애해보자. 그러나 자유를 준다 하더라도 여전히 걱정을 붙들고 사는 상황이라면 미안하지만 그 연애는 제대로 굴러갈 수 없을 것이다. 위에서도 언급했지만 사랑에는 절대적인 믿음 같은 것이 필요하다. 어떤 상황에 있다 하더라도 우리가 생각하는 것처럼 상대는 그렇게 쉽게 유혹에 넘어가거나 새로운 사랑을 찾지 않는다. 그리고 최악의 경우, 어느 정도는 사랑이 변할 수 있음을 인정해야 한다. 사람의 마음이라는 것이 하루에 열두 번도 더 변하는데 그 마음이 하는 사랑 역시 마찬가지일 것이다. 사랑은 끊임없이 변한다. 고정된 틀에 박제된 곤충이 아니라 사랑은 살아서 날아다니는 곤충 같은 존재다. 연애를 열심히 하는 것도 좋지만 거기에 모든 것을 걸고 온 신경을 쏟아 붓는 것은 어리석은 일이다.

여자들은 일어나지도 않은 일에 대해 마치 일어날 것처럼 생각하게 만드는 온갖 경우의 수의 가정이 가능하다. 그만큼 여자들은 상상력이 풍부한 존재들이다. 남자가 아무리 이유를 댄다 하더라도 우리는 우리의 상상력에 기반을 둔 시나리오가 더 틀림없다고 생각한다.

이제 연애를 하면 조금은 여유를 갖고 연애를 해보자. 일어나지도 않은 일에 대한 걱정으로 온통 연애 기간을 소비하는 것만큼 어리석은 일은 없다. 무엇보다 우리는 우리의 연애를 믿어야 한다. 내가 선택한 남자가 그렇게 믿지 못할 남자가 아님을, 그리고 우리가 하는 사랑이 그렇게 가볍지 않음을 믿어야 한다. 그런 믿음이 없다면 연애는 일어나지도 않은 온갖 일에 대해 걱정하고 의심하고 질투하는 괴로운 일이 될 뿐이다.

한창 깨가 쏟아져도 모자랄 판에 자영의 마음속은 온통 걱정뿐이다. 그녀는 분명 연애의 재미를 썰렁한 심각함으로 소화시켜버리는 이상한 악취미의 소유자다. 알고 봤더니 자영은 비단 연애뿐 아니라 거의 모든 생활에서도 비슷한 면모를 보였다. 그건 바로 즐거움을 추구하는 마음가짐 자체를 두려워한다는 점이다. 너무 경솔해 보일까 봐 사소한 경사에는 당최 기뻐하지 않는다는 그녀. 오히려 걱정을 앞세워서라도 애써 흥분을 잠재우려는 그녀의 심리는 무엇일까?

자영이 그럴 수밖에 없었던 건 생각의 습관이 다소 독특했기 때문이다. '징크스' 예찬론자이기도 했던 그녀에겐 연인의 조그마한 배려에 기뻐 날뛰기라도 한다면 필경 안 좋은 일이 벌어질 거라는 두려움이 있었다. 이런 성향은 바로 마술적 사고Magical Thinking가 갖는 일반적인 특징이다.

우린 누구나 살면서 한 번쯤은 이런 마술적 사고를 경험한다. 하지만 지속적으로 그 틀에 매여 있다면, 생각의 틀이 잠시 2~7세 전후로 되돌아갔다는 것을 의미한다. 아동심리연구에 선구자 역할을 했던 피아제Jean Piaget 박사에 따르면, 이 시기의 아동은 전혀 관계없는 두 가지의 사건 사이에 그럴듯한 의미를 부여해서 이해한다고 한다. 예컨대 '까마귀 날자 배 떨어진다'는 속담을 이 시기의 아이들에게 일러주고 설명해보라고 하면, 열에 아홉은 까마귀가 무슨 짓을 했으니 배가 떨어질 수밖에 없다는 식으로 설명한다는 것이다. 그는 이런 사고의 틀을 현상학적 인과론Phenomenalistic Causality이라 칭했다. 또한 그는 아이들이 나쁜 생각을 하면 결국 벌을 받을 것이라는 믿음과 조금이라도 복잡한 도덕적 딜레마를 다루지 못하는 것을 발견했는데, 이런 부적절한 두려움을 내재적 정의Immanent Justice라는 개념으로 설명했다.

중요한 사실은 앙증맞은 이런 생각의 틀이 단지 어렸을 때뿐 아니라 정서에 불균형이 오면 어른이 되어서도 다시 되돌아갈 수 있다는 것이다. 악몽, 막연한 불안, 헤어짐에 대한 지나친 걱정 등은 모두 이런 현상과 관련이 있다. 한 20대 중반의 여성 내담자는 이가 빠지는 꿈을 꾼 뒤 친척이나 부모님이 돌아가시지는 않을까 하는 걱정으로 몹시 불안해했다. 면담을 더 진행해본 결과 그녀의 꿈은 굉장히 많은 의미를 담고 있었다. 그때쯤 그녀는 오래전에 헤어진 연인과 다시 만나고 있었는데, 어떻게 해야 할 바를 몰라 하던 차였다. 정작 만나자고 해놓고선 시큰둥한 반응을 보이는 남자가 '날 갖고 노는 건 아닐까' 하는 의문이 들었던 것이다. 남자의 헷갈리는 태도에 그녀는 의연하게 대처하려고 노력하던 중 그런 꿈을 꾼 것이다. 이가 빠지는 꿈은 일반적으로 고통을 동반한 마음의 성장을 의미한다. 이가 빠지는 시기는 보통 유치에서 영구치로 바뀌는 때로, 우리가 기억할 수 있는 최초의 성장통 시기다. 그래서 자신의 성장에 도움이 되는 사건이나 갈등 속에 있는 분들이 종종 이런 꿈을 많이 꾸곤 한다. 그녀가 난데없이 부모님의 생사가 걱정이 된 것은 이 빠지는 꿈을 꾸면 친지나 가족이 죽는다는 속설 탓이기도 하지만, 실제로는 이전과 달리 남자에게 냉정하게 대한 이후 생긴 죄책감이 낳은 처벌 불안 때문이었다. 나쁜 일을 하면 벌을 받는다는 어린 아이와 같은 생각의 틀이 갈등에 빠진 그녀를 일시적으로 지배했던 것이다.

걱정이 많은 이유는 대부분 '내가 이렇게 좋아도 돼?' 하는 불안에서 비롯된다. 스스로가 잘되는 꼴을 못 봐주는 셈이다. 그래서 '혹시 너무 가볍게 보이지는 않을까'란 생각을 하거나 너무 징크스를 신봉하는 바람에 연애의 즐거움조차 억압하려는 사람들이 있다. 이러한 태도는 상대방의 오해를 부를 수 있어 연인과의 미래를 더 꼬이게 할지도 모른다. 연애가 주는 재미있고 즐거운 흥분을 그대로 받아들이는 것이 서툴기 때문에 걱정이 많은 것이다. 그러니 더 이상 '경솔함'이나 있지도 않는 '처벌'을 두려워하지 말고, 오늘부터라도 그와 함께 즐길 만한 '꺼리'를 적극적으로 찾아보는 건 어떨까?

왜 우리는 마음에도 없는 헤어지자는 말을 하는 걸까?

연애를 하다보면 참 다툴 일이 많아진다. 처음에는 모든 게 좋게만 보이던 그에게서 하나둘씩 단점이 보이기 시작하고, 불만이 생기기 시작한다. 왜 늘 가던 곳만 가고 인터넷에서 맛집을 찾을 만큼의 성의도 보이지 않는지, 왜 요즘은 자기 전에 잘 자라는 문자를 보내지 않는지 등등. 그 불만의 수는 이루 헤아릴 수 없이 늘어난다.

물론 우리도 잘 알고 있다. 연애라는 것이 오래 하면 마치 단물 빠진 껌처럼 더 이상 달콤하지 않음을, 대신 고무 같은 질김과 끈적거림만 점점 더해간다는 것을 말이다. 더구나 연애를 처음 시작할 때처럼 설레다가는 심장이 버텨나지 못할 것이고, 뇌에서 분비되던 도파민도 서서히 그 양이 줄어들어서 그야말로 맹맹한 연애가 될 수밖에 없다는 사실을.

그러나 여자들은 남자 친구가 늘 처음 같기를 꿈꾼다. 나만 사귈 수 있다면 뭐든 할 태세로 꽤나 든든해 보였던 남자 친구, 오늘은 어디서 뭘 할까? 하고 물어보면 둘이서 할 수 있는 모든 경우의 수를 다 헤아리던 남자 친구, 그리고 가끔은 생각지도 않았던 깜짝 선물이나 이벤트로 나를 즐겁게 해주던 남자 친구이기를 말이다.

하지만 시간이 흐를수록 다른 모든 것과 마찬가지로 연애 역시 빛이 바래게 마련이다. 꿀처럼 달콤했던 시간들은 어디론가 흘러가버리고 그 사람에 대한 불만은 책 한 권을 써도 모자랄 지경이다. 그러다 참지 못하고 불만을 터트리면 남자들은 대개 이렇게 말한다.

'그래서 결론이 뭐야!' 혹은 '그래서 어쩌자고?'

결론이 아니라 과정이 문제인데, 그리고 어떻게 하고 싶은지 그 해답을 나도 몰라서 같이 얘기해보자는 건데 남자들은 그걸 참지 못한다. 그리고 얼굴에 분명하게 쓰여 있다.

'또 시작이냐'라고.

여자들에게는 늘 처음 같은 싸움이 이상하게도 남자들에게는 늘 하던 익숙한 싸움이다. 아무리 다른 주제를 가지고 얘기를 해도 남자들의 귀에는 그 말이 그 말처럼 들린다. 일단 싸움이라는 카테고리 안에 포함이 되면 어떤 새로운 얘기도 남자에게는 그저 '또 싸움' 정도의 의미밖에 가지지 못하기 때문이다. 그리고 남자들은 그간 별말이 없다가 여자들에게 가끔은 말한다. 넌 무슨 불만이 그렇게 끝도 없이 많냐고, 제발 사람 좀 피곤하게 하지 말라고.

그렇게 연애는 누군가의 불만과 그로 인한 누군가의 피곤함으로 퇴색

되어 간다. 그러다 여자는 한두 번은 참지만 매번 그런 식으로 자신의 불만을 그저 또 싸우는구나 정도로만 생각하는 남자 친구에게 드디어 한 방 날린다.

'우리 이제 그만 헤어져'

하지만 이 말을 하는 대부분의 여자들은 말 뜻 그대로 헤어지고 싶어서 헤어지자고 하는 것이 아니다. 그녀들은 자신의 말을 제대로 듣지 않는 남자에게 경각심을 불러일으키기 위해, 혹은 '나 이만큼 화나고 상처받았다'라는 것을 표현하기 위해 헤어지자고 말한다. 그러니까 헤어질 마음은 쥐콩만큼도 없으면서 '헤어지자'는 옐로우 카드를 내미는 것이다. 그러면 남자 친구는 화들짝 놀라며 그제야 여자의 얘기를 들어주고, 잘못 하다가는 헤어질 수도 있구나 하고 걱정을 한다. 그런데 문제는 이 말을 자주 하게 되면 그 약발이 떨어져서 역시 하나마나한 얘기, 어차피 그렇게 되지도 않을 거면서 괜히 겁만 주려고 하는 얘기가 되어버린다.

여자들은 연애에 있어서 생각보다 자존심이 무척 강하다. 그래서 감정과 관련된, 특히 나를 사랑하는지 사랑하지 않는지, 이제는 내가 지겨운 건지 혹시 헤어지고 싶은데 빌미가 없어서 그냥 나를 만나는 것은 아닌지 같은 문제에 대해 직접적으로 말을 하지 않는다. 생각해보라. 어느 여자가 남자 친구에게 '왜 예전처럼 나를 사랑하지 않아?'라고 물을 수 있겠는가. 설사 너무 궁금하다 하더라도 여자들은 차마 말하지 못한다. 그것은 자존심이 걸린 문제이기 때문이다. 결국 하고 싶은 말의 핵심만 피해간 채 다른 엉뚱한 얘기들을 한다. 그것도 남자들은 잘 알아들을 수 없는 '공감과 이해와 숨은 의도'를 파악해야 하는 아주 복잡한 체계로 말이다.

여자들은 A라고 말하면서도 그 안에 숨은 진짜 의미인 B를 남자들이 파악해주기를 바란다. 그러나 남자들은 여자가 A라고 말하면 액면 그대로의 의미를 받아들인다. 그리고 어서 빨리 결론이 나기를 바란다. 여자들이 아무리 머리를 써서 자신의 뜻을, 그러나 직접적이지는 않게 간접적으로나마 이해시키려고 해도 남자들은 그 말을 알아듣지 못한다. 그래서 여자들은 최후의 수단을 쓰는 것이다. 사귀는 중에 헤어지자는 말만큼 강력한 말이 없기 때문이다.

여자들은 특히 서운함을 견디지 못한다. 나만 알고 나만을 위해 존재하는 것 같은 사람이 어느새 일이나 기타 다른 것들을 1순위에 올려놓고, 내 순위는 한없이 뒤로 밀어뒀다고 느낄 때 견디지 못한다. 그렇다고 솔직하게 서운하다고도 말하지 못하면서 말이다.

그래서 여자들은 남자와 싸울 때마다 헤어지자는 말을 자주 하는 것이다. 여자들은 직설화법을 싫어한다. 아니, 잘 할 줄 모른다가 더 맞는 말인 것 같다. '이렇다'가 아닌 '이러이러해서 이렇게 되었다' 혹은 '이래서 이럴 수밖에 없게 되었다' 같은 식으로 말을 한다. 그러나 남자들은 그 말을 듣고 도대체 여자가 원하는 게 무엇인지 잘 파악하지 못한다. 그들에게는 늘 결론이 중요하고 그래서 앞으로 어떻게 하겠느냐 하는 것만이 중요하기 때문이다.

연애에 있어 자존심을 지키는 일은 무척 중요하다. 하지만 에둘러 말하는 것을 이해하지 못하는 남자 친구에 대한 서운함과 상처를 헤어지자는 말로 대신하는 것만큼 어리석은 일은 없는 것 같다. 그들은 '얼마나 서운하고 마음이 아프면 헤어지자는 말을 다 할까?' 생각하며 여자의 말에

귀 기울여주는 대신 '또 헤어지자는 말을 하는군' 하고 생각한다. 그리고 그것이 여자의 나쁜 버릇이라고 단정지어버린다. 왜냐하면 여자는 진짜로 헤어지고 싶어서 헤어지자는 말을 한 것이 아니므로 실제로 헤어지는 일 같은 건 일어나지 않기 때문이다.

연애할 때는 암호 같은 말들보다는 오히려 직설 화법이 훨씬 더 잘 먹힌다. 적어도 남자에게는 그렇다. 그들은 우리가 말하는 숨은 의도를 절대 찾아내지 못한다. 그리고 차라리 거짓말이라도 해주면 좋겠다라고 생각하는 순간에도 솔직하게 자신의 감정을 말해버린다.

사실 누구에게나 서운하다는 말, 마음 아프다는 말은 하기 힘든 말이다. 그것은 내 안의 자존심을 옆으로 조금은 밀어두어야 입 밖으로 나올 수 있는 말이기 때문이다. 하지만 헤어질 마음은 전혀 없고, 이런저런 불만이 있을 때, 그리고 그에게 서운함과 서러움이 쌓여 있을 때는 그대로 전달을 하는 것이 좋다. 헤어지자는 말로 잠깐은 남자의 마음을 쿵 하고 내려앉게 하는 효과를 낼 수는 있지만 그 말이 무엇을 의미하는지는 절대 알아차리지 못하기 때문이다. 감정과 느낌 같은 미묘한 것일수록 직설적으로 얘기를 해야 한다. 이러이러해서 서운하고 이럴 때 상처를 받는다고 솔직하게 말을 해야 한다.

심리 **피처링**

헤어짐에 대한 불안이 내재된 여자들

사람이 느낄 수 있는 강력한 불안 중 하나가 바로 헤어짐에 대한 불안이다. 특히 남성보다 여성에게서 헤어짐에 대한 불안이 훨씬 높게 나타난다. 그건 진화론적 관점에서도 어느 정도 설명이 가능하다. 남성에게 기대야만 생명을 영위할 수 있었던 아주 먼 예전의 불안이 잠재의식을 통해 전해 내려온다는 설이 바로 그것이다. 또한 체질적인 약함, 보다 더 의존적인 여성의 타고난 본능 등이 남자에 비해서 헤어짐에 민감한 이유가 되기도 한다.

어쨌든 연애 기간 동안 여성들 대부분은 한 번쯤 헤어짐에 대한 불안과 마주친다. 그래서 불안을 해결하기 위해 여러 가지 방책을 써보는데, 그중 하나가 바로 상대방의 심중을 떠보는 말 또는 행동이다. 테스트하듯 상대의 마음을 자주 확인해봄으로써 우린 안심할 수도 있고 혹시 있을지도 모를 비상사태에 미리 대비할 수 있기 때문이다. 그뿐 아니라 이 방책은 상대방을 화들짝 놀라게 해 더욱더 관심을 이끌어낼 수 있고 더 가까워질 수 있는 효과를 발휘하기도 한다. 남녀 할 것 없이 모든 인간은 의존심이란 욕구의 노예다. 사랑에 빠지면 특히 상대방에게 더욱 의존하게 된다. 상실의 가능성은 바로 이 의존심을 자극한다. 헤어지고 말겠다는 으름장은 상대방의 마음속에 있는 의존심에 위협을 가함으로써 상실에 대한 두려움을 야기시키는 것이다. 그래서 좀 더 배려 깊은 태도를 이끌어낼 수 있다.

때로는 주도권 싸움에도 이런 으름장은 꽤나 용이할 때가 있다. 하지만 이 방법 역시 너무 자주 쓰면 좋지 않다. 그건 감정을 전달하는 소통방식이 성별에 따라 서로 다르기 때문이다. 남자는 웬만큼 쉽게 헤어지자는 말을 잘 하지 않는다. 만약 남자 입에서 헤어지자는 말이 나온다면 그건 초비상사태다. 반면에 여자는 앞에서 언급한 여러 가지 이유 때문에 헤어지자는 말을 비교적 많이 하는 편이다. 남자는 좌뇌로 대화하려 하고, 여자는 우뇌로 공감하려 하는 것이다. 즉 남자는 소통에 있어 말의 내용을 중시하지만, 여자는 내용과 함께 어조나 뉘앙스도 중요시하는 경향이 있다. 비록 때로는 격하게 반응하기도 하고 마음에 없는 말도 종종 지어내는 그녀. 하지만 말 한마디 한마디를 곧이곧대로 해석하려 든다면 그녀의 남자가 될 자격이 없다. 표정, 억양, 몸짓 이 모두가 여성들에게 있어선 소통의 도구이기 때문이다.

왜 나는 과거의 그녀를 질투하는 걸까?

가끔 우리는 그런 생각을 한다. 이 사람이 나를 만나기 이전에 만났던 여자는 어떤 사람이었을까? 물론 내가 첫사랑이라면 이 질문은 성립하지 않는다. 하지만 우리가 하는 대부분의 사랑에는 우리 앞을 먼저 지나간 이가 있다.

친구의 이야기 하나. 그녀가 만나는 남자 친구는 가수 지망생이었다. 노래도 잘 부르고 얼굴도 잘생긴 그는 일찍부터 기획사에 소속된 연습생이라 데뷔할 날만 기다리고 있었다. 그러던 어느 날 그녀는 문득 그가 자신을 만나기 전에 어떤 여자를 만났는지 궁금해졌다고 한다. 그래서 물었다.

'나 만나기 전에 어떤 여자를 만났어요?'

그러자 그가 대답했다. 그런데 그 대답이 무척 의외였다. 왜냐하면 그가 만났던 예전의 그녀는 잡지 모델을 거쳐 지금은 TV 드라마에 나오기도 하고 영화를 찍기도 하고, 특히 CF에서 자주 볼 수 있는 여자였기 때문이다.

그날부터였다. 그 친구는 그녀가 나오는 드라마를 챙겨보기 시작했고 오래전에 끝난 드라마는 인터넷으로 다운을 받아서 봤다. 그리고 그녀가 나오는 모든 잡지를 사서 스크랩을 시작했다. 그녀의 스크랩은 한 권을 넘어 두 권이 되었고 어느새 세 권이 되었다. 잡지의 종류도 다양했다. 여성지, 패션지를 비롯해 영화 잡지까지. 심지어 그녀는 인터넷에 떠도는 그녀의 옛날 사진까지 출력을 해서 보관하고 있었다.

'옛날 사진이랑 비교해보면 확실히 코랑 턱, 치열 모양이 좀 달라졌어. 물론 옛날에도 예쁜 얼굴이기는 했지만 약간 촌스러웠거든. 근데 봐. 확실히 이빨 교정하고 입이 좀 들어갔고 코도 적당하게 잘 세워서 원래 크던 눈과 조화도 잘 맞고 턱선도 자연스럽게 손을 본 것 같아.'

그녀는 관심도 없는 내게 그가 옛날에 사귀었던 여배우의 '비포 애프터' 사진을 두고 비교를 했다. 나는 궁금한 나머지 도대체 왜 그도 아닌 전 여자 친구에 관한 기사를 스크랩하고 그녀의 출연작들을 보는지 그녀에게 물었다. 그러자 그녀가 말했다.

"자꾸 비교가 되는 것 같아서그래. 보다시피 난 너무 평범한 여자잖아."

그래서 그녀는 그가 사귀었던 예전의 그녀에 대해 모든 걸 알고 싶어 했다. 그리고 그 속에서 하나라도 자신보다 못한 점을 찾았다. 심지어 나에게 기자들을 많이 아니까 그녀가 인터뷰할 때 기획사에서 외우라고 한 것만 외워서 말하는 앵무새인지 아니면 자기 생각이 분명한 사람인지를 물어봐달라고까지 했다. 그녀가 인터뷰에 척척 답을 할 정도로 똑똑한 여자면 어떻고, 기획사에서 알려주는 정답만 외워서 말하는 앵무새면 또 어떤가. 하지만 친구에게 그것은 무척 중대한 일처럼 느껴졌다. 적어도 머리라도 나쁘길, 이렇게 예쁜 얼굴과 근사한 몸에 큰 키를 가졌으면 자기보다 조금 멍청하기라도 해야 안심할 수 있을 것 같다고 했다.

이 친구는 자신의 남자 친구의 옛 여자를 대놓고 질투했다. 친구가 그 옛날 그녀를 질투하는 이유는 딱 한 가지였다. 그녀와 자신 중에서 누굴 더 사랑했는지, 그리고 사랑하고 있는지 알고 싶었던 것이다.

그러다 둘은 헤어졌다. 하지만 헤어지고 나서도 그녀의 자료 모으기는 한동안 계속되었다. 그러던 어느 날 드디어 그녀는 그 많던 기사와 사진과 드라마, 영화를 다운받은 CD를 모두 없애버렸다. 그리고 자신이 너무 한심하게 느껴진다는 말을 했다.

우리는 종종 현재 존재하지도 않는 과거의 그녀들을 질투한다. 나보다 더 나은 사람일까 봐 나보다 더 사랑받았을까 봐 그리고 나보다 훨씬 괜찮은 여자였을까 봐. 하지만 현재 진행형이 아닌 이미 과거형이 되어버린 여자를 질투한다는 것은 정말 아무 짝에도 쓸모가 없는 시간 낭비, 감정 낭비다. 설사 과거의 그녀가 나보다 훨씬 나은 여자였고 그의 사랑을 더 받았다 하더라도 그건 그들의 일이지 내 일이 아니다.

그럼에도 여자들은 그녀를 만날 때는 진심이었고 (그녀는 자기보다 훨씬 괜찮은 여자이므로) 자신을 만나는 것은 그냥 어쩌다보니 사귀게 된 건 아닐까 하고 불안해한다. 그런데 참 웃기는 것은 반대의 경우, 바로 과거의 그녀가 지금의 자신보다 형편없이 떨어지는 여자일 때도 마찬가지라는 것이다. 이것은 질투의 영역에는 속하지 않지만 여전히 여자들이 신경을 쓰는 부분이다. 여자들은 이때 또다시 복잡한 감정에 빠진다. 그에게 내가 너무 아까운 여자가 아닐까 하는 생각이 드는 것이다.

과거라는 것은 말 그대로 지나간 일을 말한다. 이제 다시 돌아올 일도 없고 또다시 무언가가 시작될 일 같은 건 더더욱 없다. 그렇지만 여자들은(행여 그녀에게는 주었던 마음과 진심을 나에게는 주지 않을까 봐) 과거에 집착한다. 차라리 지금 나 이외에 새로 만나고 있는 여자를 질투하는 것은 여러모로 자연스럽고 당연한 일이지만 다 지나간 과거와 그녀를 질투하는 것은 어딘가 억지스럽다. 이제는 연예인이 된 남자 친구의 전 애인에 대한 것들을 스크랩하던 친구는 심지어 그녀를 닮고 싶어 했다. 그녀가 광고하는 화장품을 사고, 그녀가 광고하는 옷을 입으면서 조금이라도 그가 자신을 더 사랑해주기를 바랐다.

과거에 아무리 치열하게 사랑했다 하더라도 이미 지나고 나면 사랑은 더 이상 사랑이 아니다. 물론 그리움의 형태를 띨 수는 있겠지만 적어도 현재에 뭔가가 일어나지는 않는다. 물론 약간의 호기심은 가능할지도 모르겠다. 나를 만나기 전에 어떤 여자를 만났었는지 말이다. 하지만 너무 깊게 알려고 하고, 또 너무 많은 걸 알게 되면 우리는 과거 그녀의 망령에서 벗어나지 못한다. 어쩐지 그는 그녀에게 더 잘 해줬을 것 같고, 예전의 그녀를 지금의 나보다 훨씬 더 사랑했을 것 같다는 생각에 빠진다.

그러나 남자들이 잊지 못하는 것은 이전의 사랑이 아니라 대게 뭣 모르고 했던 첫사랑이다. 잊지 못하는 이유도 그 첫사랑의 상대가 너무 완벽해서가 아니라 첫사랑을 오래 기억하는 습성을 갖고 있기 때문이다. 그들에게 만약 첫사랑을 만나 다시 사랑하고 싶으냐고 물으면 열에 아홉은 그냥 좋은 추억으로 남기고 싶다고 말한다.

때로는 나를 만나기 전에 어떤 여자를 만났는지가 연애에 있어 중요한 힌트를 주기도 하지만 그렇다고 해서 우리가 과거의 그녀처럼 될 필요는 없다. 지금의 나로 사랑받는 것이 아닌 과거의 그녀가 했던 행동들과 비슷한 스타일을 하고 만나는 것이 무슨 의미가 있겠는가. 그것이야말로 그가 잊고 있던 기억을 되살리는 꼴밖에는 되지 않는다.

우리는 지금 있는 그대로의 모습으로 사랑받고 있는 것이다. 과거의 그녀가 어떤 여자였든 그 둘은 이미 헤어졌고 지금 그 사람의 곁에 있는 것은 과거의 그녀가 아니라 지금의 나다. 설사 그가 지금의 내 모습에서 어떤 부분은 불만을 갖고 있다 하더라도 그것 또한 나의 모습이다.

남자들이라고 해서 꼭 자신에게 맞는 타입의 여자나 이상형을 만나는 것은 아니다. 우리와 마찬가지로 이상형과는 전혀 다른 여자를 만나 사랑에 빠진다.

그의 옛 사랑이 현재진행형이 아니라면 우리가 그녀들에게 가지는 관심은 약간의 호기심 이상도 이하도 아니어야 한다. 과거 그녀의 유령에 얽매인다면 우리는 끊임없이 자격지심을 느낄 뿐더러 그가 조금만 서운하게 해도 과거의 그녀에게는 그렇지 않았을 것이라고 추측하면서 현재의 예쁜 사랑에 스스로 상처를 낼 수도 있다.

설사 과거의 그녀가 그의 완벽한 이상형이었다 하더라도 그들의 사랑이 이상적이었으리라는 보장은 어디에도 없다. 두 사람 사이에 생겼던 여러 가지 사건사고 혹은 서로의 몰이해 등으로 연애가 도무지 어떻게 흘러 갔을지, 앞으로 어떻게 흘러갈지 아무도 모르는 일이기 때문이다.

굳이 남자가 예전의 그녀와 똑같은 여자를 찾는 게 아니라면, 그래서 우리에게 간혹 '예전에 그녀는 그러지 않았는데' 같은 말을 하지 않는다면 과거의 그녀 때문에 현재의 사랑을 발목 잡힐 일이 전혀 없는 것이다. 현재 진행되는 사랑을 질투하는 것은 어떻게 보면 현실적인 일이고 분명 한계가 있는 일이다. 하지만 과거를 질투하기 시작하면 그것은 밑 빠진 독에 물 붓기나 마찬가지다. 내가 알아낸 정보 이외에 오로지 상상만으로 그녀와 그 사이의 모든 일들이 다 가능해지기 때문이다.

그리고 또 하나, 남자들도 바보가 아닌 이상 내가 과거의 그녀를 질투하고 있다는 사실을 눈치 챈다. 그러면 남자들은 더욱더 옛날 얘기를 숨기는 습성이 있어 여자들은 '대체 얼마나 행복하고 좋았기에 나한테는 말도 못 하고 가슴속에 묻어둘까?'라고 생각하게 되고, 상황은 더 악화되는 악순환을 반복하게 되는 것이다.

사람은 저마다 특징을 가지고 있고 수없이 다른 장점들과 또 그 수만큼이나 다른 단점들을 갖고 있다. 그런데 이 모든 걸 무시한 채 과거의 그녀와 나를 일대일로 비교하는 것은 엄청난 감정 낭비다.

중요한 것은 과거의 그가 어떤 여자를 만났든 지금 만나고 있는 사람, 그리고 사랑하는 사람은 지금의 '나'라는 것이다. 우리는 그녀들을 잊기 위한 대타도 아니고 잠시 스쳐지나가는 존재도 아니다. 우리 역시 언젠가는 그에게 과거가 된다 하더라도 지금 이 순간만큼은 오직 나 하나뿐임을 믿어야 한다. 행여 그의 과거가 궁금하다 하더라도 너무 자세하게 알려고 하지 말자. 어떤 일이든 모르고 지나가는 것이 훨씬 더 나을 때가 있는 법이다. 과거의 그녀에 대해 일단 자세하게 알기 시작하면 그때부터 우리는 끊임없이 상상하게 된다. 그리고 그 상상은 대게 안 좋은 쪽으로 흐르게 마련이다.

그의 과거를 듣는 것만큼이나 연애의 달콤한 무드를 깨는 일도 아마 없을 것이다. '이 남자는 과연 옛 애인이랑 어떻게 지냈을까?'부터 '지금 나보다 과거의 그녀를 더 사랑한 건 아닐까?'까지. 주체할 수 없는 비교 본능은 지금은 존재하지 않는 과거의 그녀에 대한 질투심마저 조장하기에 이른다. 그렇다면 과연 이런 그녀의 감정은 대체 어디서 생긴 걸까?

결론부터 말하자면 그녀의 자존감이 바닥을 치고 있는 데서 비롯된다. 자존감이 부족한 이유는 자신을 사랑하지 못하기 때문이다. 자기가 자신을 사랑하지 못하니 가까운 애인조차도 자신을 사랑하지 않을 거란 단정을 전가해 항상 노심초사하고 사는 것이다. 그래서 질투에 지친 나머지 그녀들이 강구해낸 처방은 바로 '특별한 여자'가 되는 것이다. 만약 그렇게만 된다면 그에게 사랑받지 못할 것이라는 의구심에서 해방될 수 있을 거라 직감하는 것이다. 그건 어쩌면 오스카 와일드의 말처럼 비록 다른 여자들은 쉼표 같은 존재로 흘러갔지만 오직 그녀만은 마침표가 되고 싶어 하는 여성

특유의 심리 때문이기도 할 것이다. 하지만 특별함이란 전략의 밑천이 드러나기 시작하면 여자들의 마음은 더욱 초조해진다. 현재의 나보다 과거의 그녀를 더 사랑했을지 모른다는 의구심이 다시 고개를 들기 때문이다. 거듭되는 사실 확인의 악순환은 결국 연인을 질리게 만들고 둘의 관계에 금이 가는 건 시간문제가 된다. 마침표가 되지 않기 위해 벌였던 필사적인 몸부림이 그렇게도 우려했던 쉼표가 되어버리는 순간이다.

누군가에게 특별한 존재가 되고자 하는 소망의 씨앗은 어릴 적 부모에게 받았던 굴욕스러웠던 거절의 상처에서 움튼다. 영화 〈하녀〉에서 전도연이 말한 것처럼 가진 것 하나 없고 단 하나를 가지는 것조차 힘겨운 어린 그녀들이 부모가 주는 상처를 피할 수 있는 유일한 방법은 오로지 순종뿐이었다. 하녀는 주인에게 잘 보여야 한다. 그래야 쫓겨나지 않을 뿐 아니라 '아더메치(아니꼽고 더럽고 메스껍고 치사한)'하더라도 나름의 보상을 받을 수 있기 때문이다. 그러면 부모는 어린 그녀들에게 '특별한 존재'라는 얄팍한 보상을 주는 것이다. 이런 부모 밑에서 양육된 그녀들은 무조건적인 사랑보다 조건적인 사랑에 더 익숙해질 수밖에 없다. 그 결과 이들은 연애 관계에서도 사랑받을 만한 조건을 끊임없이 만들어내기에 급급하다. 단 그녀들의 사랑이란 것은 오로지 내가 특별한 존재로 여기길 바라는 갈망에 뿌리를 둔 것이라 실로 불안정하기 짝이 없다. 마늘로 블라닉과 지미 추의 굽이 나가버리고 보톡스와 IPL이 한계에 다다르면, 그녀가 가꾼 이미지는 결국 풍선처럼 터져버린다.

자신을 사랑하지 못한 나머지 존재하지도 않는 허상을 질투하며 자신의 껍데기를 가꾸는 데 치중하는 이들을 정신의학에선 자기애성 성격Narcissistic

 으로 보기도 한다.

'난 특별해'란 느낌은 허상에 만족하는 착각이요 망상이다. 자신의 이미지라는 존재하지도 않는 캔버스에 특별함이란 색깔을 덧입히려는 것과 같기 때문이다. 리처드 바크의 소설 《갈매기의 꿈》에 등장하는 특별한 갈매기인 조나단 리빙스턴과 같은 태도는 썩 바람직하지 않다. 불행하게도 특별한 사랑을 좇아 살아가는 자세는 현실에서는 비극만 불러올 뿐이기 때문이다. 진정한 아름다움은 허상의 이미지가 아니라 내적인 인간미에서 나온다. 그러니 겉모습에 불과한 이미지에 너무 의존하지 않았으면 좋겠다. 앞에서도 말한 바 있지만 일반적으로 남자들은 단순히 여성의 화려한 스타일에만 빠져 사랑하지는 않는다. 그가 좋아하는 사람은 오직 세상에 당신 한 사람뿐이다. 특별함에 대한 집착을 버리는 대신 자신감을 가져야 한다. 평범함 속에 숨어 있는 당신만의 개성을 살려야 한다.

정리하면, 만약 당신이 과거의 연인을 질투한다면, 그건 당신이 자기애성 성향이 강하다는 뜻이다. 하지만 특별한 애인이 되고 싶다는 소망은 편해야 할 사랑을 오히려 구속으로 만들어버린다는 것을 잊지 말자. 자신의 껍데기를 특별히 여기는 조건부 사랑에 매달릴 수밖에 없기 때문이다.

태양 아래 새로운 것은 없다. 그에겐 엄마가 이미 최초의 여성이었으므로 어차피 당신은 그에게 처음일 수 없다. 그러니 그 갈망 자체가 이미 '미션 임파서블', 이룰 수 없는 꿈이다. 특별한 존재로 남겨지길 체념한다면 아마 과거의 그녀에 대한 질투도 조금씩 사라질 것이다.

왜 나는 그에게 집착하는 걸까?

행복과 불행이 종이 한 장 차이라는 말이 있듯이 집착도 마찬가지다. 집착과 관심 그리고 사랑은 어쩌면 모두 종이 한 장 차이인지도 모른다. 단 차이점이 있다면 행복과 불행은 그 당사자의 마음에 따른 문제이고, 집착과 사랑의 차이는 하는 쪽이 아닌 당하는 쪽이 기준이 된다는 것이다. 이쪽에서 아무리 그건 너를 향한 관심이자 사랑의 표현이라고 말해도 상대방이 그걸 집착으로 느낀다면 그것은 집착이 되어버린다.

그렇다면 어디까지가 집착이고 어디까지가 사랑의 표현일까? 그것은 상대에 따라 달라진다. 그러나 누가 봐도 확연한 집착이 있다. 그 사람에게 모든 것을 걸고, 그의 일거수일투족만 상상하느라 하루가 지나간다면,

그리고 그의 작은 행동 하나에 일희일비한다면 그것은 사랑이라기보다는 집착에 가깝다.

사람들은 서로 친밀감을 느낄 수 있을 정도로 다가서는 것만 관심의 표현이라고 생각한다. 만약 그 도를 넘어서 상대가 숨통이 막힌다거나 갑갑함을 느낀다면 그것은 그에 대한 사랑이 아닌 집착을 하고 있다는 증거다. 그런데 왜 우리는 사랑하는 사람에 대해 집착하는 것일까? 그것은 사랑하는 사람에게 어느 정도의 친밀감을 표현해야 하는지 모르기 때문이다. 특히 어린 시절 부모님에게 심한 간섭과 과도한 애정에 둘러싸여 자랐다면 그 사람은 나중에 누군가에게 집착할 확률이 매우 높다. 왜냐하면 사랑을 잘못 배웠기 때문이다.

집착의 사전적 의미는 어떤 것에 늘 마음이 쏠려, 잊지 못하고 매달리는 것을 뜻한다. 이것을 연애와 연결시켜서 생각하면 항상 그 사람에게만 마음을 빼앗겨서 다른 것은 등한시한 채 그와 연관된 것들만 의미를 갖고 거기에 매달리는 것을 말한다. 집착은 집착을 하는 당사자도 괴롭지만 더 중요한 것은 상대방이 이것을 사랑이나 관심의 표현이라고는 전혀 생각하지 않는 데 있다. 집착은 심해지면 곧 스토킹으로 발전할 가능성이 크다. 상대방의 마음이나 생각까지도 모조리 알려고 하는 것, 그리고 잠시도 상대에게 다른 무언가를 할 틈을 내어주지 않는 것, 그리고 상대가 원하지 않아도 사랑과 관심을 계속해서 주는 것은 집착을 넘어선 스토킹에 가깝다.

그런데 문제는 당사자는 전혀 집착이라고 생각하지 않는 데 있다. 너무 사랑해서 그 마음을 표현한 것뿐인데, 그리고 사랑하는 사이라면 당연히 공유해야 할 것을 알아낸 것뿐인데 왜 그것을 집착이라고 하는지 도무지 이해를 하지 못한다.

과거 내가 알던 한 여성은 심한 집착 때문에 남자를 사귀지 못했다. 그녀에게 조금만 친절을 베풀어도 그녀는 바로 집착 단계로 접어들었다. 그녀는 마치 십대들이 유명 연예인을 짝사랑하는 것처럼 그가 버린 휴지 한 장까지 다 모으려고 들었고 그와 관계된 모든 것들을 기록으로 남기고 보관했다. 그래서 그녀의 사랑은 언제나 시작되기도 전에 끝나버리거나 간혹 사귀는 것까지 성공했다 하더라도 남자 쪽에서 견디질 못했다. 그녀의 끊임없는 전화와 질문에 대답하는 것에 지쳤기 때문이다. 집착을 하는 쪽에서는 도무지 상대가 왜 답답해하는지 이해를 하지 못한다. 자신으로서는 그저 관심과 사랑을 표현했을 뿐이고 남들보다 좀 더 친밀감을 표시한 것뿐이라고 생각한다. 그러나 대부분 집착하는 이유는 자신이 생각하는 것만큼 사랑이 단단한 결속력을 가지지 못하고 있다고 생각하는 것에서 출발한다. 자신이 조금만 더 노력하고 애쓰면 그 사랑은 충분히 단단해지고, 따라서 영원히 변치 않는 사랑이 될 것이라고 믿는다.

물론 사랑을 하면 처음에는 온통 그 사람 생각만 난다. 지금쯤 무얼 하고 있는지, 누구를 만나는지, 언제쯤 집에 들어가는지 모든 것이 다 궁금하다. 그러나 그것은 연애 초기에만 그런 감정이 드는 것이지 계속 지속되는 감정은 아니다. 집착을 하는 사람들이 착각하는 것이 자신이 조금만 더 애쓰면 그도 자신의 마음을 알아줄 것이라 생각하는 것이다. 하지만 문제는 완전히 반대다. 이쪽에서 집착하면 할수록 저쪽에서는 오히려 마음이 멀어진다. 사람들은 구속받는 것을 싫어한다. 그러나 연인 사이에는 어느 정도의 구속은 용인이 된다. 하지만 도를 넘어선 구속과 속박은 결국 상대로 하여금 이 상황에서 벗어나고 싶다는 생각을 들게 할 뿐이다.

대학 시절 내 친구는 직장인 남자 친구를 사귀고 있었다. 그런데 그가 그녀에게 광적으로 집착을 했다. 학교를 마치는 시간이 되면 늘 전화로 보고를 해야 했고 어디서 무얼 하는지 그가 모르는 일은 있을 수 없는 일이었다. 그래서 그녀는 다 같이 해야 하는 밤샘 공동 작업에서도 빠져야 했고 그 흔한 MT 한 번 가지 못했다. 그녀의 남자 친구는 그녀가 자신이 컨트롤할 수 있는 지점에서 벗어나는 것을 참지 못했는데 그 모든 이유는 사랑하기 때문에였다.

사랑이라는 이유만으로 모든 것이 용인될 수는 없다. 정말 진심으로 상대를 사랑한다면 상대를 구속하는 것이 아니라 오히려 자유롭게 놓아주는 것이 정답이다. 그러려면 우선 상대를 믿고 내 사랑을 믿어야 한다. 자신이 컨트롤하지 않으면 이 사랑이 무너질 것이라는 과대망상에서도 벗어나야 한다. 집착이 부르는 최악의 상황은 상대가 우리를 스토커처럼 생각하는 상황이다. 그때 상대방은 벗어나고 싶어 하고 그만 관계를 정리하고 싶어 한다. 그러나 한번 시작된 집착은 그렇게 쉽게 없어지지 않는다. 이미 넘치는데 오히려 부족하다고 판단해 조금만 더 노력하고 조금만 더 사랑해주면 금방 상대방은 자신의 사랑이 얼마나 깊은지 알게 될 것이라고 생각한다.

물론 사랑은 관심과 애정을 쏟는 것이다. 하지만 그건 어디까지나 상대도 그렇게 느끼는 정도에 한에서다. 과도한 관심과 간섭 그리고 끊임없이 의심하고 몰아붙인다면 그 누구도 그것을 사랑의 표현이라고 생각하지 않을 것이다. 사랑에는 어느 정도의 여유가 필요하다. 늘 서로가 서로만 바라볼 수 없다. 늘 상대방을 생각하느라 다른 것에는 집중할 수 없는 것이 사랑이라고 생각하면 큰 오산이다. 집착이 또 다른 집착을 부르고 급기야는 나 자신조차도 어쩔 수 없을 만큼 커져버리는 이유는 상대의 입장을 전혀 고려하지 않았기 때문이다.

〈미저리〉라는 영화에서 한 작가는 낯선 마을에 갑자기 내린 폭설 때문에 발목이 묶인다. 그리고 그를 도와주겠다는 여성을 만난다. 그 여성은 오래전부터 그를 짝사랑해왔는데 문제는 그녀의 짝사랑은 도를 지나쳐서 그가 다친 몸을 회복하고 무사히 자기 자리로 돌아가는 것이 아닌, 그녀의 곁에서 언제까지고 머무는 것이었다. 상대가 전혀 원하지 않아도 내가 사랑한다는 이유만으로 상대를 붙잡아둘 수 없는데도 말이다.

앞에서도 여러 번 말했지만 사랑은 유동적인 것이다. 그리고 때로 사랑은 변하기도 한다. 늘 처음 같은 사랑은 동화책 속에나 존재할 뿐 현실에서는 이루어질 수 없다.

연애를 함에 있어서 상대를 구속하고 집착하는 것만큼 상대의 마음을 식게 만드는 것도 없다. 만약 상대가 조금이라도 이 관계에서 답답함을 느끼고 숨 쉴 틈을 원한다면 그것은 이쪽에서 집착을 하고 있다는 가장 강력한 증거다. 집착을 하지 않기 위해서는 그 사람이 내가 사는 이유가 되어서는 안 된다. 연애는 행복하려고 하는 것이지 나의 모든 것을 던지고 그것에 매달리기 위해서 하는 것은 아니다. 그렇게 되면 결국 그 사랑은 행복과 점점 멀어지고 상대가 나를 싫어하게 되거나 피하는 결과를 초래할 뿐이다. 전화를 받지 않는 그에게 수십 통의 부재중 전화를 남기는 것,

그리고 하루 종일 그에게 틈만 나면 문자로 뭐 하느냐, 누구와 만나느냐 묻는 것은 사랑이 아닌 분명 집착이다.

사랑은 처음에는 일상의 전부였다가 어떤 시기를 지나고 나면 일상의 한 부분이 된다. 그러나 집착을 하는 사람들은 언제까지나 연애가 일상의 전부이기를 꿈꾼다. 사랑에서 집착으로 넘어가기 전에 분명히 명심해야 할 것은 내가 하는 행동에 그도 역시 행복감을 느끼느냐 하는 것이다. 사랑은 어느 한쪽이 일방적으로 퍼붓는다고 해서 이루어지는 것은 아니다. 템포를 조금만 늦춰서 상대와 함께 비슷한 속도로 걸어 나갈 때 그 연애는 집착에서 벗어나 행복하고 아름다운 사랑이 될 것이다.

심리 **피처링**

그동안 몰랐던 분노부터 찾아보기

남녀가 연인 관계로 발전하면 전에 없던 많은 심리적 변화가 일어난다. 그중 한 가지가 바로 상대방에 대한 집착이다. 어떤 것에 마음이 늘 쏠려 떨치지 못하고 매달리는 걸 뜻하는 집착은 각각 따로 지내던 남녀가 하나의 커플로 탄생하면서 생기는 필연적인 현상이다. 그런데 흥미로운 것은 짝사랑에 가까운 일방적 사랑뿐 아니라 상호 만족감을 느낄 수 있는 충만한 사랑을 나눌 때도 집착은 피해갈 수 없는 운명이란 사실이다. 일반적으로 우린 나보다 잘난 사람을 보면 시기심이나 비교의식이 발동해 자존감이 떨어지는 것이 보통이다. 그러나 프랑스 정신분석학자인 샤스귀에르 스미젤Janine Chasseguert-Smirgel의 시선은 달랐다. 그에 따르면, 평소 자신이 꿈꿔오던 이상적인 모습을 사랑하는 연인에게서 발견하면 우리의 자존감은 예외적으로 향상될 수 있다고 한다. 연인에 대한 갈망과 집착은 더 커지면서 말이다. 이럴 수 있는 이유는 연인이 나의 일부같이 느껴지기 때문이다. 이는 곧 연인을 향한 사랑과 자신을 향한 사랑이 융합됨을 의미한다. 그 융합은 바로 열정적이며 에로스적인 사랑의 용광로를 형성하게 된다.

하지만 위에 언급한 뜨거운 집착만 생겨나면 얼마나 좋을까만, 실제 연인들이 흔히 겪는 집착의 대부분은 연인에게 기대했던 만큼의 사랑을 얻지 못할 경우에 생긴다. 보편적인 사랑의 소스는 부모의 사랑이다. 어릴 때 적절한 사랑을 받지 못한 사람들은 무슨 수를 써서라도 예전의 결핍을 메우려고 한다. 그래서 현재의 연인에게조차 제대로 사랑받지 못한다고 느끼면, 평소 갖고 있던 열등감은 더욱 자극되어 자존감에 치명적인 손상을 입는 것이다. 반복되는 좌절이 가져다주는 건 결국 분노다. 충만한 사랑이 열정적 집착을 형성한다면, 결핍된 사랑은 분노어린 집착을 초래한다.

연인은 우리의 도화지가 되기도 하고 스크린이 되기도 한다. 누구나 한 번쯤은 연인을 통해서 우리 내면에 숨어 있던 로맨틱한 환상을 채우고 싶어 한다. 그런데 사랑은 꼭 핑크빛 환상만 존재하는 것이 아니다. 다소 공격적이며 가학적인 환상 또한 포함되어 있다. 그렇다고 해서 혹시 내가 변태는 아닌지 놀랄 필요는 없다. 정신분석가인 컨버그[Otto Kernberg]의 말대로 이 또한 지극히 정상적인 사랑의 환상이니까. 여러 가지 환상이 서로를 향해 오가는 탓에 사랑은 부드러움과 거친 열정으로 채색되는 것이다. 그런데 지나칠 정도로 상대에게 가학적인 환상을 요구하고 충족받으려는 사람들이 있다. 그 가학성의 원동력은 바로 분노다. 은연중에 상대의 감정을 자극하여 상대로 하여금 자신을 멸시할 수밖에 없게 만든다. 연인에게 받았던 좌절감으로 인해 느껴왔던 분노와 비난의 화살을 내가 제대로 쏘고 있다는 것을 확인하고 정당화하고 싶어 하는 심리 때문에, 많은 연인들은 상대가 자신을 멸시하게 해놓고선 "역시나 당신도 날 업신여기고 무시하는군요. 역시나 내가 가졌던 화는 정당한 거네요. 이러니 내가 어떻게 당신과 친밀해지겠어요?"라고 분노를 표현하게 한다. 그럼으로써 상대에게 적개심을 품는 것에 정당성을 확보할 뿐 아니라 죄책감과 같은 정서적 불편함에서 해방될 수 있는 것이다. 분노를 잘 다루면 집착에서 해방될 수 있다. 자격지심으로 인해 상대에게 분노를 발사하는 것을 조심해야 한다. 또한 오해에서 비롯된 상대의 투정 또한 잘 받아주는 것이 중요하다. 때로는 "네가 ○○○하게 말하는 걸 보니 내게 많이 서운했던 모양이구나"라는 식의 공감적 대화가 필요할 때가 많다. 이런 사실을 일러주어도 많은 사람들은 어색해한다. 그 이유는 분노에 대한 혐오가 마음 깊이 깔려 있기 때문이다.

한번은 집단 미술 치료시간에 분노를 그림으로 표현하는 시간이 있었다. 처음에는 다들 서로의 눈치만 볼 뿐 제대로 그려내지 못했다. 하지만 미술치료사 선생님이 캔버스가 찢어질 정도로 제대로(?) 뿜어내는 것을 보고, 머뭇거리던 내담자들은 얼굴이 발갛게 달아오를 정도로 그림을 그리기 시작했다. 약 30분의 시간이 지난 뒤 서로의 작품을 벽에 걸자, 사람들은 탄성을 질렀다. 분노를 그림으로 표현한 것이 단지 신기해서만은 아니었다. 형형색색 그려진 그림들은 정말 눈부실 정도로 아름다웠기 때문이다.

모든 생각과 감정을 선악의 잣대 없이 존중하는 태도야말로 집착을 해소할 수 있는 마음의 토대가 된다. 자신과 타인에 대한 분노가 녹으면 우린 그만큼 나와 상대에게 자유로워질 수 있다. 그러니 오늘부터라도 모든 감정에 붙어 있는 천사와 악마라는 꼬리표를 떼어보자. 악마의 상징인 루시퍼도 이전엔 천사였다는 사실을 떠올리면서 말이다.

after love 2

왜 그를 마음에서 떠나보내지 못하는 걸까?

사랑이 할퀴고 떠난 자리는 마치 폭격을 맞아 폐허가 된 도시마냥 황량하기 그지없다. 도시를 다시 재건하려면 엄청난 시간이 필요하듯, 이별의 아픔을 딛고 일어나는 데 또한 오랜 시간이 걸린다. 그래서 일반적인 심리 상담이나 정신과 치료의 경우, 상실의 아픔으로 찾아온 사람들에게만큼은 회복 시간을 억지로 단축시키려고 하지 않는다. 그럴 필요도 없거니와 그럴 수도 없기 때문이다. 대신 그 긴 시간 동안 당사자가 겪을 정서적인 고통을 완화시키는 데 주력한다. 사랑하던 사람을 상실했다는 사실은 '외상 후 스트레스 장애Post-Traumatic Stress Disorder'라는 정신적 후유증의 가장 큰 원인이 될 정도로 큰 상처를 남기기 때문이다.

그 상실이란 반드시 죽음을 뜻하는 것은 아니다. 차라리 상대방이 죽어버렸으면 싶을 정도로 같은 하늘 아래에서 그와 같이 살고 있다는 사실이 몸서리칠 정도로 싫을 때가 있다. 왜 하필 헤어져야만 했는지, 대체 무엇이 문제였는지 너무 할 말이 많지만 헤어졌다는 이유로 문자와 전화 모두 씹어버리는 그가 서운하고 괘씸하기 짝이 없기 때문이다.

그러나 무엇보다 가슴 아픈 상실은 사랑했던 대상을 죽음으로 잃은 것이다. 정신의학에선 사별과 애도라는 용어로 그 아픔을 표현한다. 사별Bereavement은 문자 그대로 죽음에 의해 사랑하는 사람과 이별한 채 애도 상태에 빠져 있는 하나의 반응이자 증후군이다. 반면에 애도Grief란 사랑하는 이의 죽음에 따른 주관적인 감정을 의미한다. 즉 사별반응의 기간 동안 우린 애도라는 긴 터널을 지나야 하는 셈이다. 애도 기간 동안 우린 때로는 환청을 듣거나 꿈에 그가 나타나기도 한다. 하지만 무엇보다 가장 고통스러운 것은 잠에서 깨면 이제 다시는 그를 볼 수 없다는 절망감과 상대에게 미처 못 해준 게 떠올라 미치도록 미안해지는 자책과 후회다. 그래서 만약 누군가를 사고로 잃었다면, 대부분의 생존자들은 자신이 살아남은 것을 다행으로 생각하기보다는 죽은 자에 대한 미안함으로 인해 마음이 무겁다. 이를 생존자의 죄책감Survival Guilt이라 한다. 하지만 이러한 생각이나 느낌은 지극히 정상적인 애도과정이다. 정신의학에서도 사별 후 생긴 우울을 곧바로 '우울증'으로 진단하는 대신 '사별'이란 정상적인 반응으로 간주한다. 일반적으로 상실에 따른 애도반응은 2개월을 넘지 않는다. 그러나 정신의학자 칼 아브라함Karl Abraham은 이별한 사람과 감정 정리가 채 안 된 경우 애도 반응은 이보다 훨씬 길어진다고 했다. 그 감정이란 헤어진 그에 대한 열정과 동정심일 수도, 그와 반대되는 분노나 죄책감일 수도, 혹은 이 모두가 함께 붙어버린 모순된 애증일 수도 있다.

몇 년 전에 개봉한 영화 〈업UP〉에서, 우린 애도의 모습을 엿볼 수 있다. 주인공인 카알 할아버지는 철거의 압력에도 불구하고 그의 집을 차마 포기하지 못한다. 그곳은 젊은 시절부터 황혼까지 함께했던 죽은 아내와의 추억이 깃든 곳이기 때문이다. 이렇게 고인의 물품Linkage object이나 심지어 고인의 시신을 그대로 두는 현상을 밀랍화Mummification현상이라고 한다. 유명한 히치콕 감독의 영화 〈싸이코〉에서도 이와 비슷한 행동을 하는 주인공을 볼 수 있다. 그는 어머니의 시신을 집 안에 그대로 놔둔 채 생전 차갑고 가혹했던 엄마의 모습으로 변장을 하고 살인을 일삼는 극단적으로 병적인 애도 반응을 보였다. 고인과의 관계를 지속하기 위한 소망에서 심지어 고인의 성격까지 그대로 답습하는 모습을 정신의학에선 병적 동일시 현상Pathologic Identification phenomena이라고 한다. 가까운 사람이 죽은 뒤 자신도 모르게 그와 유사한 목소리와 행동이 나오는 이른바 빙의 현상도 진료실에서 종종 보곤 한다. 비록 이렇게까지는 아니더라도 우리 대부분은 힘겹게 애도 과정을 거친다. 그런데 애도에서 보이는 아이러니 중 하나는 상실의 슬픔을 벗어나려고 노력하면 할수록 오히려 상실의 장소 주위를 쳇바퀴 돌듯 떠나지 못한다는 점이다. 이 사실은 연인과의 이별에도 그대로 적용된다. 옆에 친구들이 이젠 그만 슬퍼하라 해도 그 말이 전혀 귀에 들어오지 않는다. 자꾸만 그와 연관된 모든 것이 떠오르는 것이다. 그와 주고받은 선물들을 차마 버리지 못하는가 하면, 눈물이 마를 때까지 계속 울고만 싶다. 사실 슬프다면 눈물이 마르는 한이 있더라도 충분히 울고 또 울어야 하는 것이 심리적으로도 타당하다. 왜냐하면 그 슬픔이 당신의 애도를 서서히 잠재워줄 수 있기 때문이다. 담배나 커피 같은 물질 하나도 제대로 끊지 못하는 존재가 바로 인간이다. 하물며 나의 모든 것을 공유하고 의지하며 사랑했던 사람과 한순간에 끝내려고 하니 얼마나 힘들까. 그 생각 자체가 벌써 굉장히 무모하고 잔인한 것이다. 앞에서 수차례 언급했듯 사랑도 중독이다. 담배를 끊는 가장 확실한 방법 중 하나는 서서히 니코틴 함량이 낮은 담배나 비슷한 효과를 내는 약물로 점차 대체해가는 수밖에 없다. 마약을 끊기 위해선 역시 약하기는 해도 또 다른 마약류를 쓰는 수밖에 없는 것 또한 최선의 치료 중 하나다. 비슷한 물질을 이용해서 긴 시간 동안 점차 줄여나가는 것, 이것이야말로 인간이 중독을 극복할 수 있는 기본 원리다.

그럼 연인과 이별한 뒤 우리가 그나마 견딜 수 있을 만한 대체물은 과연 어디에 있을까? 무작정 다른 이성과 무분별하게 자리를 갖는 것도 물론 썩 나쁘진 않지만 그다지 좋은 해답은 아니다. 정신분석가인 발렌스타인Arthur F. Valenstein이 이 질문에 대한 답의 실마리를 안겨줄 것 같다. 그는 말했다. 연인과 헤어질 수 있는데 필요한 대체물은 다름 아닌 슬픔 그 자체라고. 연인이 떠난 자리에 남겨진 슬픔은 비록 미약하긴 해도 그 사람과 함께 있다는 묘한 느낌을 안겨다준다. 이별 후 슬픔조차 그가 남긴 또 다른 흔적이기 때문이다. 그가 남긴 슬픔이 헤어짐의 위로가 될 뿐 아니라 이별 후 찾아오는 무서운 금단현상을 막아주는 방파제가 된다는 사실은 참으로 아이러니하다. 그가 떠난 뒤 휘몰아칠 마음의 혼돈에서 우리 스스로를 보호하기 위해, 우린 쉽게 연인을 떠나보내지 못하는 것이다.

chapter 03

진짜 행복한 사람은 사랑에 기대지 않는다

왜 우리는
연애가
끝나기만 하면
불안한 걸까

왜 우리는 과거의 사랑을 그리워하는 걸까?

인간은 누구나 후회를 한다. 당시에는 가장 최선의 행동과 그에 따른 선택을 했다고 믿지만 지나고 나면 아닌 경우가 많다. 그때 그런 행동을 하지 말았더라면 혹은 다른 선택을 했더라면 지금과는 다른 결과가 올 수도 있었다는 가능성 때문에 우리는 늘 과거를 생각하고 후회한다. 하지만 다들 알다시피 과거의 일은 아무리 후회를 해도 소용이 없다. 그것은 이미 벌어진 일이며 지금은 그 순간의 결과물이기 때문이다.

사랑에 있어서도 마찬가지다. 사람들은 과거의 사랑을 떠올리며 왜 좀 더 참지 못했는지 혹은 왜 조금 더 사랑하지 못했는지를 후회한다. 대부분 이런 후회들은 남을 향한 것이 아니라 자기 자신을 향한 것이 대부분이다.

나의 행동과 판단들을 뒤늦게 생각해보니 아쉬운 게 한두 가지가 아닌 것이다. 그러나 언제까지나 과거의 사랑을 곱씹으며 살 수는 없다. 우리는 앞으로 더 많은 사랑을 하고 또 다른 사람들을 만나야 하기 때문이다.

그러나 여기 과거의 사랑에서 벗어나지 못하는 사람들이 있다. 그들의 머릿속에 존재하는 과거는 실제가 아니다. 인간은 기억하고 싶은 것들만 기억한다. 첫사랑이 아름다운 것은 우리가 그만큼 오랜 세월 동안 그 기억을 미화시켰기 때문이다. 정말 냉정하게 첫사랑을 돌이켜본다면, 그리고 그때 있었던 모든 일들을 떠올려본다면 생각처럼 그리 아름답지만은 않았다는 것을 알게 될 것이다.

그렇다면 우리는 언제 과거의 사랑을 떠올리고 그리워할까? 외로울 때? 옆에 아무도 없을 때? 아니다. 정작 우리가 과거의 사랑을 그리워할 때는 현재 사랑하는 사람이 옆에 있을 때다. 사실 과거는 비교 대상이 없다면 무의미한 기억의 조각들일 뿐이다. 현재와 비교했을 때 과거가 훨씬 괜찮았다고 느껴져야만 인간은 과거를 그리워하고 그때로 다시 돌아가고 싶어 한다. 그러니까 지금 과거의 사랑을 떠올리며 후회를 하거나 다시 되돌리고 싶다는 생각이 든다면 그것은 현재의 사랑에 무언가 문제가 있거나 불만이 있다는 얘기다.

또 한 가지. 과거의 사랑은 아쉬우면 아쉬울수록 더 많이 떠오른다. 그러니까 그만큼 했으면 됐다고 생각하고 스스로도 종결을 내렸다면 굳이 과거를 떠올리며 그리워할 이유가 없다. 그러나 그때 내가 무엇을 했어야 했다든가 혹은 무언가를 더 잘 했어야 했다는 생각이 들면 후회를 하기 마련이다. 그렇다면 정말로 시간을 되돌려서 과거로 돌아간다면 우린 더 잘 할 수 있을까? 물론 지금의 결과를 모두 알고 시작한다면 다른 선택과 행동을 할 수도 있을 것이다. 하지만 그렇지 않다면 몇 번을 되풀이한다고 해도 우리는 똑같은 후회를 할 만한 사랑을 할 것이다. 사람에게는 변하지 않는 고유의 행동 패턴과 생각하는 방식이 있다. 그렇기 때문에 다시 시작을 한다 하더라도 우리는 같은 행동과 생각을 할 확률이 높다. 그러므로 우리는 과거의 망령에서 벗어나야 한다. 어차피 과거는 지나간 일들이다. 과거를 붙잡고 아무리 후회를 한다 하더라도 다시 시작할 수는 없다. 이미 끝나버린 노래이고 상영이 종료된 영화이다.

나 역시 지금 생각해보면 후회되는 사랑이 있다. 하도 후회가 되어서 그 사람을 만나 다시 시작을 해보려고 한 적도 있었지만 결과적으로는 그러지 않는 게 훨씬 좋을 뻔했다는 결론만 내릴 수 있었다. 왜냐하면 그도 나도 전혀 변하지 않았기 때문이다. 물론 그동안 새로운 사랑을 했고 그 사랑에서 무언가를 배운 우리는 언뜻 보기에 과거와는 달라진 것 같지만 시간이 지나자 그때 불거졌던 문제들이 형태만 약간 변했을 뿐 똑같이 되풀이되었다. 그러니까 그 당시 사랑이 끝난 것은 그럴 만한 충분한 이유가 있기 때문이었다. 그것을 인정하기까지 참 오랜 시간이 걸렸고, 그 후 비로소 나는 과거의 사랑은 그냥 추억으로만 간직하게 되었다. 그리워하고, 그립다못해 다시 시작한다고 하더라도 다른 결과가 나오기는 힘들기 때문이다.

차라리 과거의 사랑을 그리워하고 후회하느니 지금의 사랑에 충실하는 것이 현명한 일이다. 똑같은 잘못을 되풀이하는 이유는 상대방에게 있는 것이 아니라 결국 나에게 있다.

이제 끝난 사랑에 대해서는 미련을 두지 말자. 그때의 나는 충분히 그럴 만한 이유가 있어서 헤어짐을 선택한 것이었고 상대방도 마찬가지다. 다시 말하지만 과거가 아름다운 이유는 우리가 과거를 있는 그대로가 아닌 취사선택을 해서 기억하기 때문이다. 물론 더 발전할 수 있는 가능성도 있겠지만 그건 나라는 사람이 완전히 다른 사람이 되었을 때에나 가능한 일일 것이다.

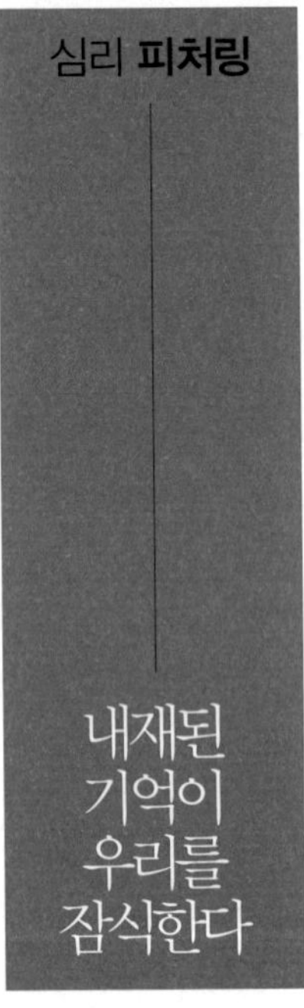

심리 피처링

내재된 기억이 우리를 잠식한다

일본 애니메이션 〈초속 5센티미터〉에서 우린 과거를 그리워하는 두 남녀를 만날 수 있다. 이미 커버린 채 회색빛깔로 변한 도시 속에서 각자의 삶을 사는 그들이지만, 마음은 여전히 벚꽃으로 가득 찬 과거에 빠져 그때를 회상하길 반복한다. 그들이 자꾸만 서로의 얼굴이 떠오르는 까닭은 그들의 사랑이 미완성으로 끝났기 때문이다. 이처럼 아쉽고 쓰라린 미완성의 사랑이 유달리 그리운 까닭은 대체 무엇일까?

그건 우리 뇌의 독특한 기억 시스템과 연관이 있다. 우리 뇌의 기억체계는 크게 두 가지로 나뉜다. 사실이나 논리적인 생각 등을 담는 '외재적 기억'과 의식적으로 알지는 못하지만 감정이나 신체 감각 등을 저장하는 '내재적 기억'이 바로 그것이다. 외재적 기억은 주로 대뇌 피질이나 해마와 같은 조직에 저장되는데, 이 부위는 의식적으로 쉽게 접근이 가능하다. 그러나 감정 기억과 같은 내재적 기억은 주로 뇌 깊숙한 곳에 숨어 있는 편도체 Amygdala라는 부위에서 담당하게 되는데, 편도체가 위치하고 있는 그 깊이만큼이나 감정의 각인 또한 너무나 깊은 나머지, 헤어진 연인과 즐겨 듣던 노래가 여전히 우릴 놀라게 할 정도로 그 기억은 굉장히 생생하다.

예전에 같이 갔던 찻집 주변을 맴돌곤 하는 것은 많은 시간이 흘러도 사랑했던 기억에서 쉽게 빠져나오기 어렵기 때문이다. 마음의 상처를 정신의학에선 트라우마Trauma란 용어를 사용하는데, 감정 기억이 안겨주는 후유증은 삶의 대부분에 영향을 줄 정도로 굉장히 위력적이다. 미완성으로 끝나버린 사랑은 우리에게 엄청난 양의 숙제를 안겨준 채 떠나버렸기 때문이다. 그 숙제란 실망, 후회, 분노, 아쉬움 그리고 죄책감과 같은 강렬한 감정의 복합체이다. 미완성의 사랑이 자꾸만 떠오르는 이유는 바로 이런 여러 가지 강렬한 감정이 처리되지 않은 채 고스란히 남아 있기 때문이다. 그러다보니 몸은 현재에 살고 있지만 마음은 여전히 과거에 머무를 수밖에 없는 것이다.

지나간 과거는 다시 돌이킬 수 없기에 우리의 가슴은 더욱 아린다. 그럼에도 불구하고 생생하게 떠오르는 과거의 사랑 때문에 꽤나 고통스럽긴 하지만, 그렇다고 해서 시간을 초월하는 감정 기억의 고집스런 성질을 나무랄 수만은 없다. 왜냐하면 긍정적인 감정 또한 시공을 초월하여 저장되기 때문이다. 그래서 우린 삶이 끝나는 시점까지 사랑의 설렘을 느끼고 간직할 수 있다. 비록 나이가 들어 몸이 반송장이 될지라도, 우리 또한 철학자 괴테처럼 미처 맛보지 못한 풋사랑의 감정을 그대로 느낄 수 있는 것이다. 미완성의 사랑을 그리워하게 만드는 감정 기억 탓에 우린 너무나도 아프지만, 한편으론 그 덕에 우린 또 다른 미완성의 사랑을 다시 시작할 수 있는 희망도 품을 수 있다.

왜 내 연애만 이토록 금방 끝나는 걸까 ?

솔직히 고백을 하자면 나는 한때 연애가 빨리 끝나는 것에 대한 콤플렉스가 있었다. 그래서 친구들 중에서 간혹 몇 년째 한 사람과 연애를 하고 있는 이들을 보면 속으로 무척 부러워했다. 그리고 동시에 혼자 고민했다. 나는 대체 왜 이렇게 연애가 금방 끝나는 걸까? 하고.

한민족 특유의 냄비 근성 때문인지 모르겠지만 아무튼 내 연애는 유독 빨리 끝났다. 때로는 내가 관계를 정리했고 때로는 상대가 나에게 이별을 통보해 관계가 정리되었다. 이유야 어찌 되었든 나는 내 연애가 빨리 끝난다는 사실이 너무나 마음에 들지 않았다.

오랜 시간이 지난 후에 연애 카운슬러가 되어 상담을 해보니 이 고민은 나 혼자만 했던 게 아니었다. 많은 남녀들이 자신들의 연애가 빨리 끝나는 것에 속앓이를 하고 있었다.

그렇다면 연애가 빨리 끝난다는 것의 기준은 뭘까? 아쉽게도 여기에 정확한 기준은 없다. 다만 스스로 생각할 때 연애가 빨리 끝나는 것, 그 연애가 충분치 않다고 느껴지는 것이라는 애매한 답만 할 수 있을 뿐이다. 그런데 생각보다 많은 사람들이 스스로 생각할 때 연애 기간이 충분하지 않았다고 생각했다.

우리나라 사람들은 냄비 근성이라는 말을 참 싫어한다. 그리고 행여 본인이 여기에 해당되지 않을까 불안해한다. 예부터 진득한 사람, 뭐든 오래가는 사람을 선호한 탓인지 객관적으로 보기에는 충분한 연애 기간을 가졌음에도 자신의 연애가 빨리 끝난다고 생각하는 경향이 있다. 물론 시간적인 측면 이외에 정신적인 측면에서도 충분하지 않았음을 의미한다.

그럼 연애에 있어서 시간은 무엇일까? 그것은 아마 우리가 알고 있는 시간에 대한 의미를 정확하게 설명하는 것만큼이나 어려운 것인지도 모르겠다. 아침에 해가 뜨고 해가 지는 것 그리고 달력의 숫자가 달라지는 것 말고 이것을 설명하라면 어떻게 설명할 수 있을까?

연애는 마치 소설과 같다. 소설처럼 기-승-전-결이 있다. 그런데 상담을 해보면 기와 승에서 너무 빨리 진도가 나가면 전에서 결까지의 시간도 그만큼 짧아진다는 것을 알 수 있었다. 의외로 사람들은 승과 전 부분에는 큰 의미를 두지 않았다. 나 역시 시작과 끝에만 신경을 썼고 전체적인 시간이 긴가 짧은가만 생각했다.

연애에 있어 일련의 과정들은 결코 우리가 임의로 시간을 분배할 수 있는 문제가 아니다. 왜냐하면 연애는 혼자 하는 게 아니기 때문이다. 둘이 함께하는 연애는 상대방의 피드백에 따라 빨라질 수도 있고 느려질 수도 있다. 이러니 우리가 처음 연애를 할 때 혼자 정해뒀던 나름의 연애 진도는 생각처럼 딱딱 맞아떨어지지 않는다.

연애가 빠른 속도로 진행되면 그만큼 이별하는 시간도 빨리 다가온다. 모두 연애가 영원하면 좋겠다고 바라지만 솔직히 영원한 것, 특히 인간이 하는 것 중에서 영원이란 단어를 붙일 만한 것이 몇 가지나 될까. 게다가 감정이 마치 롤러코스터를 타는 것처럼 기복이 심한 연애라면 더더욱 영원 같은 건 기대할 수 없다. 그럼에도 불구하고 사람들은 연애에 있어 영원을 꿈꾼다. 식당 벽에 쓰인 낙서를 보면 하트 표시 안에 '누구와 누구 영원히'라는 말이 제일 흔하다. 어쩌면 우리가 이토록 연애에 있어 영원을 꿈꾸는 이유는 연애가 결코 영원하지 못하기 때문이 아닐까?

연애가 빨리 끝나는 사람들이 가장 걱정하는 부분은 혹시 바람둥이로 오해받지 않을까 하는 것이다. 연애가 빨리 끝나는 것은 어느 한쪽의 일방적인 잘못이 아닐 텐데도 우리는 연애가 빨리 끝나고 그다음 연애를 하는 사람들을 보면 조금은 안 좋은 시선으로 보는 것이 사실이다. 그럼 연애는 길면 길수록 좋은 걸까? 솔직히 말하자면 연애에 있어 시간은 큰 의미가 없다. 물론 시간이 갈수록 정이 두터워지고 서로에 대해 몰랐던 부분을 차곡차곡 알 수 있겠지만 우리의 뇌가 연애에 대해 두근거리는 감정을 갖는 것은 고작 3개월에서 6개월에 불과하다. 연애를 단지 뇌에서 일어나는 화학 작용으로만 생각하자면 6개월 안에 끝나는 모든 연애는 정상인 것이다. 두근거리는 단계에서 더 이상 그를 봐도 아무 감흥 없이 두근거리지 않기 때문에 연애가 끝나는 것에 대해 누가 뭐라고 토를 달겠는가. 그럼에도 우리는 끊임없이 자신의 연애가 빨리 끝났다고 자책한다. 상대가 누구인가를 막론하고 연애가 빨리 끝나면 그것은 무조건 내 탓이라고 생각하는 성향마저 짙다.

물론 연애를 두근거리는 감정이 있는 동안만 유효한 것으로 보는 시선에는 문제가 있다. 그렇지만 아무리 빨리 끝난다고 해도 일주일이나 한 달 만에 끝나는 연애를 늘 하는 것도 아니면서 스스로의 연애가 빨리 끝난다고 고민하는 것은 어리석은 일이다. 오히려 그런 사람들은 창조적인 마인드를 갖고 있는 사람일 확률이 높다. 일상적인 것, 평이한 것, 편안한 것에 잘 길들여지는 사람이라면 연애가 빨리 끝나지 않을 것이다. 이런 사람은 공무원 타입일 경우가 많다. 그러나 누구나 다 공무원 타입의 인간이 되어야 하는 것은 아니다.

한때 아침형 인간이 유행했을 때가 있었다. 일찍 일어나는 새가 먹이를 잡는다는 케케묵은 말까지 끄집어내가며 아침형 인간은 이 시대의 모든 인간들이 지향해야 할 정점에 있었다. 그런데 당시 나는 올빼미형 삶을 살고 있었다. 그래서 뭔가 나는 잘못된 것인가? 이렇게 늦게 자고 늦게 일어나는 나는 결코 성공할 수 없는 타입의 인간인가 하고 심각하게 고민했던 적이 있었다. 그러다가 아침형 인간에 정면 도전하는 올빼미형 인간들의 이른바 '아침형 인간? 당신들이나 하시지'라는 글을 읽고 나는 비로소 내 자신에게 용서를 구했다. 아침형 인간이 아님에도 불구하고 억지로 내 자신을 괴롭혔던 순간이 후회스러웠다. 올빼미형 인간은 그 자체로 존중되어야 하며 그런 인간에게 아침형 인간 혹은 새벽형 인간을 강조하며 억지로 삶의 패턴을 바꾸게 한다면 그만큼 모든 능률이 더 떨어진다는 것을 그때야 알게 된 것이다.

어쩌면 연애가 빨리 끝나는 것에 대한 고민도 이와 비슷한 것이 아닐까? 사실 연애에서 중요한 것은 길고 짧은 것이 아니다. 롱런하며 사귄다고 해서 꼭 좋은 것도 아니다. 정리해야 할 관계, 문제가 있는 관계임에도 불구하고 오래 사귀는 게 좋을까? 정말 제대로 된 연애는 시간에 상관없이 그 순간 얼마나 진심을 다해 만나고 또 사랑했느냐가 관건이다. 매번 연애가 한 달을 채 넘기지 못하고 끝이 나거나 아무리 길어도 두 달을 가지 못한다면 한 번쯤 내가 너무 쉽게 사람에 그리고 감정에 싫증을 느끼는 건 아닌지 점검해봐야겠지만, 그렇지 않다면 굳이 '긴 연애가 좋다'라는 생각을 하며 자신을 괴롭힐 필요는 없다.

따지고보면 모든 연애의 기술은 절반이 그 사람이 나에게 반하게 하는 법에 대해, 나머지는 어떻게 하면 관계를 오래 유지시킬 수 있을지에 관한 것이다. 관계를 오래 유지하려고 하는 것은 그만큼 이별이 힘들고 새로운 사람을 또다시 만나야 한다는 부담감에서 오는 것도 적지 않다. 그러므로 그런 단점들만 없다면 사실 연애가 꼭 길어야 할 필요는 없다. 오히려 연애의 최고점을 찍고 내려오는 순간이 짧으면 짧을수록 더 좋은 것인지도 모른다.

지금 자신의 연애가 너무 빨리 끝난다고 생각된다면 한번 체크해보기 바란다. 연애가 끝난 이유가 오로지 나에게 있는지를 말이다. 만약 그렇지 않다면 더 이상 내 연애 패턴을 나무랄 필요가 없다. 냄비 근성을 가졌다고 혼자 자책할 필요도 없다. 모든 연애는 끝날 만한 시기에 끝났을 뿐이고 혹 남들보다 연애가 조금 빨리 끝났다면 나는 그만큼 창조적인 인간이라고 받아들이면 그뿐이다. 다시 강조하지만 연애에서 중요한 것은 시기가 아니라 얼마나 그 연애를 하면서 내가 행복했느냐 그리고 그 모든 감정과 사건들에 스스로 진심을 다했느냐 하는 것이다.

그동안 연애가 아닌 열애를 한 당신

얼핏 '연애'라고 하면 열정적인 사랑만 떠올리기 쉽다. 하지만 '사모할 연戀'과 '사랑 애愛'라는 한자의 조합으로 이루어진 이 단어의 뜻을 풀이하면 '남녀가 서로 애틋하게 그리워하고 사랑하다'는 뜻이 된다. 반면에 '열애'라는 단어는 '더울 열熱'과 '사랑 애愛'라는 한자의 조합으로, '뜨겁게 혹은 열렬히 사랑한다'는 뜻이다. '열애'가 이제 막 불붙기 시작하는 황홀경이라면, '연애'는 그보다는 더 오래 지속되고 끈기 있는, 지고지순한 사랑이다. 그래서 만약에 누군가가 '열애'를 백 미터 달리기에 비유한다면 '연애'는 아마 그보다도 훨씬 긴 마라톤에 비유될 수 있다. 그런데 우리 대부분은 이 둘을 제대로 구분하지 못한다. 소위 '연애 불감증'에 걸린 것이 아니냐는 불안에 휩싸인 채 진료실을 두드리는 분들이 많은 건 어쩌면 그래서일지도 모른다.

소위 '열애'에 빠지면 뇌 속의 '칵테일 바'는 사랑의 호르몬들을 감칠맛나게 섞어 내기에 분주해진다. 페닐에틸아민Phenylethylamine, 줄여서 'PEA'라고 부르는 호르몬의 수치가 올라가서 이성이 마비되고, 열정이 분출돼 행복감에 도취된다. 그러다보니 상대방의 단점을 보지 못하고 그의 모든 것에 관대해진다. 그런데 이런 PEA는 비단 우리 뇌 속에서만 분비되는 물질이 아니다. 연애만큼이나 달콤쌉싸름한 초콜릿 속에도 다량 함유되어 있어 고대 마야인들은 연애의 공간이었던 하렘을 내방할 때 필히 복용하기도 했다. 밸런타인 데이에 초콜릿을 서로 주고받는 이벤트가 꾸준히 이어질 수 있는 까닭도 남성의 마음을 더욱 자극하게 만드는 초콜릿 속 페닐에틸아민의 검증된 성능 때문일 것이다.

사랑에 빠지면 비단 PEA만 분비되는 것은 아니다. 중독과 갈망의 호르몬인 도파민Dopamine과 흥분의 호르몬인 노르에피네프린Norepinephrine이란 물질 또한 샘솟듯 분비된다. 수많은 소설과 노래 그리고 영화에 '중독된 사랑'이란 제목을 흔히 볼 수 있는 이유도 바로 이 도파민이란 호르몬이 사랑을 중독되게 만들기 때문이다. 그래서 사랑에 빠진 사람은 마치 중독자들이 술과 담배, 심지어 마약을 찾는 정도로 강렬히 연인을 사모하며 갈망한다. 상대를 만나지 못할 때면 중독자들이 원하는 물질을 얻지 못했을 때의 금단 현상과 유사한 정서적 고통을 맛보게 된다. 한편 노르에피네프린이란 물질은 신체적 흥분을 유발시키는 역할을 담당한다. 하지만 이 호르몬이 불안이나 긴장을 유발시키기도 해서 정작 마음에 드는 상대가 눈앞에 나타났을 때 우릴 얼어붙게 만들기도 한다. 하지만 일단 PEA와 도파민의 도움을 받아서 그 얼음이 녹아 열정으로 바뀌는 순간, 이 어설픈 긴장의 호르몬은 걷잡을 수 없는 열정의 스팀 팩으로 변한다. 그래서 사랑에 빠지면 배가 고프지 않을 뿐더러 며칠 밤을 지새워도 졸리지 않게 된다. 게다가 열정에 빠진 우리가 밥을 먹든 일을 하든, 눈만 감으면 애인 생각이 나는 이유는 바로 세로토닌이란 신경 호르몬의 분비가 저하되어버리기 때문이다. 하지만 그 덕에 우린 노르에피네프린이 훼방시켜놓은 잠 못 자는 긴긴 밤을 애인 생각으로 채울 수 있다.

열애는 골치 아픈 걱정과 기억조차 송두리째 잊게 만드는 위력을 낳는다. 이 모든 것이 가능한 이유는 셀 수 없이 무한한 뇌의 신경망이 흔적도 없이 사라져 새로운 망으로 대체되는 현상이 발생하기 때문이다. 연애에 빠진 두뇌의 대지각변동을 대량 폐기학습Massive Unlearning이라 하는데, 신경과 전문의인 월터 프리맨Walter Freeman에 따르면 이런 엄청난 현상은 애인과 사랑에 빠지거나 한 아기의 부모가 될 때 볼 수 있다고 한다. 아기는 연인 간의 사랑이 낳은 결정체란 말을 떠올려보면, 결국 이 두 가지 경우 모두 사랑이 낳은 기적 같은 현상이다.

시간이 지남에 따라 황홀경을 느낄 정도의 강렬한 사랑은 오래가지 못한다. 술이나 담배가 습관이 되듯 우리 뇌는 사랑의 호르몬에조차 적응해버리기 때문이다. 그렇게 매력적으로 보이던 애인의 매력 포인트들이 하나둘 식상해지고 관계가 권태로워진다. 이 모두가 페닐에틸아민과 도파민에 대한 자체적인 금단 현상 탓이다. 그래서 어떤 경우엔 외도의 의학적 원인이 되기도 한다. 하지만 다행히도 사랑은 그리 쉽게 식어버리지 않는다. 긴 마라톤과 같은 사랑을 버티게 만들어줄 안정과 애착의 호르몬들이 분비되기 때문이다. 소위 호르몬들의 바통 터치가 이루어지는 셈이다. 그래서 열정에 관계되는 호르몬들의 분비가 감소한다고 해서 사랑이 끝날 우려는 하지 않아도 된다. 다만 달라지는 것이 있다면 그건 사랑의 색깔이다. 밤새도록 애인 생각을 나게 했던 억제된 세로토닌의 분비는 시간이 지남에 따라 오히려 원활하게 분비된다. 이 녀석은 즉흥적인 흥분보다 지속적인 만족과 안정감을 가져다주기 때문에, 장기적으로 보다 더 안정적인 관계를 제공해줄 수 있다. 또 황홀한 흥분보다 상대를 향한 배려를 가질 수 있는 여유를 허락케 한다. 따라서 집요하리만치 떠오르던 애인 생각은 비단 줄어들지라도, 우린 여전히 따뜻함과 안정감, 그리고 풍요로움을 느낄 수 있다.

안정과 애착에 작용하는 호르몬은 비단 세로토닌뿐만이 아니다. 사랑이 지속되면 바소프레신Vasopressin과 옥시토신Oxytocin이 활발히 분비되면서 각각 '내 여자' 혹은 '내 남자'라는 확신과 보호본능을 유발한다. 특히 옥시토신이란 호르몬은 사랑을 끈끈하게 지탱해주고, 엄마가 아기를 안아줄 때처럼 친밀감을 느끼게 한다. 어디 그뿐인가. 첫사랑의 상처를 딛고 새로운 상대와 사랑에 빠지게 도와주기도 한다. 이미 지나가버린 옛 사랑의 기억이 지워지려면 그와 관련된 기존의 신경망이 모두 끊겨져야 하는데, 이를 장기 억압Long-Term Depression이라 한다. 그런데 기특하게도 옥시토신은 이런 장기 억압 현상을 뇌의 여러 군데에 동시 다발적으로 발생하게 만들어, 쓸데없는 옛 기억을 대량으로 폐기 처분시키는 데 성공한다. 그래서 과학자들은 옥시토신을 일명 '기억상실 호르몬'이라고 부르기도 한다. 게다가 자칫 권태로울 수 있는 연애 기간 동안 열정적인 희열까지 선사해주기도 한다. 그러니 너무 걱정하지 말자. 열정이 식었다고 해도 당신의 연애는 언제나 '무한도전'할 수 있으니.

왜 나만 헤어짐이 이렇게 힘든 걸까?

술집에서 가장 많이 보는 낙서 중 하나는 '누구와 누구가 영원히 사랑한다'라는 문구일 것이다. 그런 문구들이 유치한데도 불구하고 많은 이유는 역설적으로 그만큼 사랑이 영원하기가 힘들기 때문이 아닐까? 실제로 우리는 많은 사랑을 하고 또 그만큼의 이별을 한다. 그런데 이별에 대처하는 자세는 참으로 다양하다.

몇날 며칠을 울고 식음을 전폐하는 스타일에서부터 사람을 잊는 데는 사람을 만나는 것이 최고라며 소개팅에 열중하는 스타일까지. 그러나 그 중에서 가장 우리를 힘들게 하고 오래도록 마음 아프게 하는 것은 겉으로는 별 탈 없는 것처럼 지내지만 속으로 너무나 힘든 나머지 그를 떠나보내지도, 그렇다고 새로운 사람을 만나기 위해 마음을 열지도 못하는 상황일 것이다.

오래전 무척 좋아했던 남자와 이별을 한 적이 있었다. 그때의 나는 '너 없이도 얼마나 내가 아무렇지 않은지 보여주겠다'라는 생각에 밥도 잘 먹고 회사도 열심히 다녔다. 그러나 마음 한구석에는 언제나 그가 돌덩이처럼 내려앉아 있었다. 시간이 어느 정도 지나고 그로 인해 닫혔던 마음의 문이 어느 정도 열렸다고 느낄 무렵 나는 또 다른 연애를 시작했다. 그러나 나는 마음속으로 헤어진 그와 현재의 그를 끊임없이 비교했다. 사소한 습관부터 취미, 말버릇까지 나는 거의 모든 것을 그와 비교하며 '예전의 그는 이랬었는데' 하는 생각에 빠져 있었다. 지금 생각해보니 나는 그때 그를 잊기 위한 충분한 애도의 기간을 갖지 못했다.

사람이 사람을 잊는다는 것은 생각보다 무척 어렵고 힘든 일이다. 더구나 사랑했던 사람, 늘 만나서 모든 걸 함께하고 심지어 미래를 꿈꾸기까지 했던 사람과의 갑작스런 이별은 마른하늘의 날벼락처럼 모든 것을 바꾸어 놓는다. 그러나 우리는 오래 슬퍼하거나 끝난 사랑에 대해 길게 애도하는 것에 대해 익숙하지가 않다. 모두 잊을 사람은 빨리 잊는 것이 좋다고, 한시라도 빨리 그 상처에서 벗어나는 것에만 최선을 다하라고 한다. 그러나 마음속에 그토록 많은 것을 차지하고 있었던 사람을, 그토록 사랑했던 사람을 그렇게 쉽게 잊을 수 있을까?

마음껏 슬퍼할 겨를도 없이 우리는 주변 사람들에 쫓겨 혹은 '잊어야 한다'는 스스로의 강박감에 쫓겨 얼른 잊고 새로운 사람을 만나 또 다른 사랑을 시작할 것을 스스로에게 강요한다. 그러나 생각해보면 그것만큼 어리석은 일이 없다. 보통 사랑하는 사람을 완전히 잊으려면 그 사람을 만난 기간의 딱 2배가 걸린다고 한다. 물론 절반이 걸린다고 말하는 사람도 있지만 진심으로 사랑하고 온 마음을 다 준 사람이라면 평균적으로 2배 정도가 걸린다는 것이 정설이다. 그럼에도 불구하고 우리는 만난 시간의 절반만큼도 스스로에게 시간을 주지 않는다. 어서 잊고 다른 사람을 만나서 보란 듯이 사랑하는 것이 헤어짐에 대한 최선의 방법이라고 여겨왔다.

마음에서 그 사람을 떠나보내지 못하는 것은 이별에 대한 준비가 덜 된 상황에서 갑자기 이별이 닥쳤기 때문이다. 서서히 준비를 했고, 이제 할 만큼 했다고 생각한 이별에는 사실 그렇게 긴 시간이 필요하지 않다. 그러나 우리가 겪는 대부분의 이별은 갑작스럽고도 당혹스러운 상황에서 일어난다. 상대가 마음이 변했다거나 하는 일이 그런 경우일 텐데 그때의 우리는 마치 교통사고라도 당하는 것처럼 갑작스런 이별을 통보받는다.

이런 상황이라면 그 사람을 잊는 데 훨씬 더 많은 아픔과 노력이 동반된다. 내 마음은 아직 사랑이 끝나지 않았는데 현실은 이제 그만 그를 놓아주라고 말을 한다. 이 과정에서 무리하게 그 사람을 잊으려고 하다가보면 그를 잊기는커녕 누군가를 사랑할 수 있는 마음의 빗장마저 닫혀버리는 경우가 있다. 상처를 받았음에도 불구하고 그 상처를 치유할 시간조차 갖지 못하면 사람들의 마음은 저 깊은 곳 어딘가로 꽁꽁 숨어버리기 마련이다. 게다가 다시는 상처받지 않는 길은 그 누구도 사랑하지 않는 것이라고 생각하기도 한다.

겪어서 알겠지만 일생에 걸쳐 사랑은 단 한 번만 오는 것이 아니다. 이 사람 이외에는 아무도 사랑할 수 없을 것 같다가도 또 다른 사랑이나 기회는 얼마든지 찾아온다. 그런데 이때 마음의 빗장을 닫고 있다면 그 누구도 받아들일 수 없다. 겉으로는 다 잊고 새 출발을 한 것처럼 보이지만 마음속으로는 아직까지 끝나지 않은 사랑의 감정이 찌꺼기처럼 남아서 자신을 괴롭히고 있는 것이다.

마음은 어떻게 보면 여러 가지 감정이 들어가는 커다란 부대자루와 같다. 그 부대자루에 너무 많은 것이 꽉 들어차 있으면 새로운 물을 담을 수가 없다. 헤어짐에 있어서 가장 중요한 것은 그에 대한 모든 것에 충분히 슬퍼하고 그다음에 그 마음을 깨끗하게 비우는 것이다. 멀리서 나 없이도 잘살기를 바라는 것 정도는 아니라 하더라도 적어도 내 마음속에서는 그가 이제 내 곁에 없다는 사실만큼은 인정할 수 있어야 하는 것이다.

요즘 연인들은 헤어지면 서로의 소식을 접할 기회가 많다. 블로그, 미니홈피 등에 들어가면 그의 근황이나 그와 관계를 맺은 새로운 사람들을 볼 수 있다. 그러나 되도록 이런 일은 하지 않는 것이 좋다. 나 없이도 괜찮은 그 사람을 보는 것은 생각보다 마음이 아픈 일이다. 그리고 더 중요한 것은 그 역시 나 없이도 괜찮은 것이 아니라 다만 괜찮은 척을 하고 있을 뿐이라는 것이다. 남자들은 많은 사람들이 보는 공간에 자신의 감정을 솔직하게 표현하지 않는다. 여자들은 남자와 헤어지면 일단 미니홈피의 배경 음악부터 바꾸지만 남자들은 그렇지 않다. 속마음은 아닌데 겉으로 괜찮은 척하는 그의 모습을 보는 것만큼 가슴 아픈 일은 없다.

그리고 제발 이 이별에서 나만 피해자라고 생각하지 않았으면 좋겠다. 내가 아픈 만큼 상대도 아프고, 또 내가 이 사랑에 시간을 들인 만큼 그도 이 사랑에 시간을 들였으므로 이별이 익숙하지 않을 것이다. 이런 모든 사실을 무시하고 당장 보이는 것만 생각하다보면 엉뚱한 복수심만 싹튼다.

‘그래, 너보다 더 잘난 남자 만나서 보란 듯이 네 앞에 나타나리라.’

그러나 이것은 가장 어리석은 이별의 방법이다. 이별은 누구 한 사람의 잘못이라기보다는 단지 사랑이 끝났기 때문에 이별하는 것이다. 물론 누가 먼저 헤어지자는 말을 꺼냈는가에 따라 이별의 시작을 말한 사람은 있겠지만 그보다 더 중요한 것은 이미 이 사랑은 오래전부터 끝날 수밖에 없도록 곪아 있었다는 점이다.

원인이 무엇이든, 그리고 설사 그가 먼저 이별의 말을 꺼냈다 하더라도 상대방을 미워하고 원망하는 것은 내 자신에게 아무 도움이 되지 않는다. 그리고 이별을 했다면 어서 잊겠다는 생각을 하기보다는 정말로 내 마음이 깨끗하게 비워질 때까지 충분하게 그 이별을 가슴으로 아파하고 애도하자. 이런 애도 기간을 갖지 못하면 나는 언제까지고 그를 마음에서 떠나보내지 못하고 계속 가슴 한구석에 품고 살아갈지도 모른다.

지금도 나는 생각한다. 만약 그 사람을 보낼 때, 내가 조금이라도 빨리 잊겠다는 생각 대신 내 사랑에 대한, 그리고 그것이 끝난 것에 대한 충분한 애도의 시간을 가졌다면 어쩌면 훨씬 더 빨리 마음의 정리를 하고, 그와의 사랑을 좋았던 추억으로 간직할 수 있지 않았을까 하고 말이다.

심리 **피처링**

헤어짐은 마음의 대지진이다

죽은 뒤 땅속에 묻힌 우리 몸 대부분은 분해된다. 하지만 유독 뼈만큼은 썩지 않고 그대로 남아 있다. 다른 기억은 다 죽어 없어져도 사랑이 남기고 간 추억은 유독 썩지 않는 뼈처럼 깊게 사무친다. 강렬했던 감정 기억이 오래가는 우리 뇌의 생리학적 특성상, 사랑했던 사람과 헤어진 기억 또한 시간을 초월하여 생생히 남게 된다.

헤어짐은 마음의 대지진이다. 그리고 그 여진의 피해는 진원지를 모를 경우엔 예측 불허하기 때문에 더 커지기 십상이다. 이유도 모른 채 헤어져야 했던 분들의 고통이 오래가는 이유가 바로 이 때문이다. 상대방의 마음이 궁금하고 화가 나고 때론 어이없는 배신감에 괘씸한 감정이 들기도 한다. 하지만 정작 헤어짐의 이유가 명백함에도 불구하고 제대로 헤어지지 못하는 쪽 또한 괴롭기는 마찬가지다. 마음이 약한 분들에게 헤어짐이란 감당할 수 없는 버거운 짐과 같다. 한 번도 남의 눈에 피눈물을 내본 적 없는 이들은 비록 측근들에게 우유부단하다는 비난을 받을지라도 전혀 아랑곳

하지 않는다. 헤어지고 난 뒤 상대의 안부가 어떻게 될지 너무나 걱정이 되기 때문이다. 하지만 아무리 사랑했던 사람이라 해도 그와의 현재와 미래가 명백히 비관적이라면 반드시 변화가 필요하다. 왜냐하면 과거는 다시 돌아올 수 없지만, 둘의 현재와 미래는 지금보다 더 행복해질 수 있는 가능성이 얼마든지 많기 때문이다.

그러나 미련스럽기까지 한 그녀들이 진짜 헤어지지 못하는 이유는 다름 아닌 희생 중독 탓이다. 자기를 희생함으로써 마음이 편해지는 그녀들의 가장 큰 특징은 정작 화를 내야 할 상황에서도 되레 미안해한다. 이들은 어려서부터 분노나 적개심과 같은 감정을 품는 것 자체를 천벌받을 일처럼 두렵게만 느껴왔을 확률이 높다. 마음의 기준인 양심이 너무 비대한 탓이다. 그래서 이들이 표현하는 죄책감은 꽤 부적절할 때가 많다. 신용불량이 된 남자가 사채를 당겨서까지 도박을 하는데도 그녀들은 불평을 하면서 돈을 빌려준다. 폭력적인 남편에게 항상 구타를 당하면서도 꿋꿋이 사는 여성들 또한 이에 해당된다. 이들의 가치 기준이나 양심이 스스로 자학할 것을 강요하는 것이다. 이 구속은 헤어짐을 결정하는 데도 고스란히 적용된다. 상대방에게 분노를 표현하거나 먼저 헤어짐을 표명하는 것은 마치 끝도 없는 죄책감에 시달릴 것 같은 두려움을 그녀들에게 안겨준다. 그래서 이들은 그럴 바에 차라리 양심이 지시하는 대로 순종해 현실에 안주하는 것이 낫다고 생각한다.

끔찍한 피해를 보고 있음에도 헤어져야 할지 말아야 할지 고민하는 분들에게 해주는 말이 있다. 그건 바로 그에게 사랑받았던 기억 대신 그에게 아낌없이 퍼주었던 기억이나 상처받았던 기억을 떠올리라는 것이다. 이미 비대해진 양심을 뜯어고치기엔 시간이 너무 촉박하므로, 응급처방이긴 해도 그로 인해 힘들게 고생했던 기억을 의식의 수면 위로 떠올려보면, 그녀들은 더 이상 그에게 갚을 빚이 별로 남아 있지 않다는 것을 깨닫게 된다.

또한 그녀의 마음속 분노가 더 이상 천대받지 않고 소중하게 받아들여지도록 하는 것도 중요하다. 그러다보면 정작 연인을 떠나보내지 못하게 만든 죄책감 혹은 미안함은 사실 분노를 감추기 위해 비대해진 양심이 만들어낸 얄팍한 눈가리개에 불과했다는 사실을 깨달을 수 있다. 그런 뒤에 다시 헤어짐의 가능성에 대해 논해보면, 이전과는 달리 가벼워진 느낌을 받을 것이다.

왜 내 연애만 이토록 무거운 걸까?

유독 연애가 무거워지는 시기가 있다.

사실 처음 만나 얼마 안 되는 기간까지의 연애는 한없이 가볍다. 왜냐하면 그때는 서로에게 반했다는 사실만으로도 만족스럽게 지낼 수 있기 때문이다. 그러다 점점 연애는 문제들을 하나씩 만난다. 그때 우리는 왜 그와 나는 이렇게 맞지 않는 것 투성일까 생각하기 시작한다.

하지만 생각해보면 수년 동안 단 한 번도 만나지 않고 다른 환경에서 다른 형질을 가지고 살아온 사람들이 비슷한 점보다는 오히려 반대되는 성향이 더 많은 게 정상이지 않을까. 좋아하는 음식부터 시작해 취미 혹은 일에 대한 사소한 태도나 가치관까지 따지고 들어가면 그와 나는 완전히 다른 사람이다.

하지만 이런 문제를 인식하고 나면 그때부터 연애는 본격적으로 무거워지기 시작한다.

자신의 연애만 혹시 너무 무겁다고 고민하고 있는가? 천만의 말씀이다. 연애는 원래 다 무겁다. 깃털처럼 가벼운 연애는 마음을 주지 않고 기대지 않을 때에만 가능하다. 하지만 사랑을 하면서 마음을 주지 않고 서로 기대어 의지하지 않는다면 그게 진정한 사랑일까? 여자들은 남자보다 훨씬 생각이 많다. 하나의 사건을 두고 남자는 결말을 생각하지만 여자는 처음 이 사건이 왜 시작되었는지부터 그 사건에 숨은 복선은 무엇인지 또 사건이 의미하는 바는 무엇인지 그리고 최종적으로 앞으로 일어나지 않은 미래에 대해 예측해 그 사건이 어떻게 종결될 것인지도 알아맞힌다. 이쯤 되면 남자 입장에서 여자는 완전 점쟁이나 다름없다.

문제는 바로 이것이다. 이래서 여자들의 연애는 무거울 수밖에 없다. 남자는 단지 술자리에서 핸드폰이 울리는 것을 알지 못해 전화를 받지 못했을 뿐인데 여자는 그때부터 오만가지 상상을 하기 시작한다. 어디서 나쁜 일을 당한 것은 아닌지, 차 사고를 당한 것은 아닌지. 그렇게 신상에 대한 걱정이 끝이 나면 뒤이어 관계에 관한 걱정을 한다. 혹시 전화를 받기 곤란한 상황에 있는 건 아닌지, 내 전화를 받기에 부적절한 누군가와 함께 있는 것은 아닌지 말이다.

사실 연애가 무겁다고 상담을 해오는 많은 여성들은 삶을 꽤 피곤하게 살고 있다. 남자처럼 심플하게 생각한다면 사실 연애는 무거울 것이 전혀 없다. 그들은 늦은 밤 여자 친구가 전화를 받지 않으면 그냥 못 받는 상황인가보다 하고 내일 다시 전화하면 된다고 생각하며 맘 편히 잠이 든다.

그러나 여자들은 그렇지 않다. 그가 전화를 받을 때까지 전화를 하거나 아니면 전화기를 붙잡고 그의 전화가 올 때까지 밤새워 기다린다. 이처럼 두 사람이 똑같이 연애를 하고 있지만 어떻게 생각하고 어떤 방향에서 바라보는가에 따라 이 연애는 전혀 다른 모습이 되기도 하는 것이다.

미리 결론부터 말하자면 결코 당신의 연애만 무겁지 않다는 것이다. 세상의 모든 여자들의 연애는 다 무겁다. 어떤 여자도 자신의 연애가 너무 가볍고 즐겁기만 해서 아무런 근심 걱정도 없다는 얘기는 들어본 적이 없다. 물론 천성이 그런 사람들도 있겠지만 그건 정말 극소수일 것이다.

연애가 무거운 것은 인생이 결코 가볍지 않기 때문이다. 여자들은 연애와 자신의 인생을 따로 분리하지 않는다. 그것은 하나로 융합되어 그녀들의 일상 속에 스며 있다. 반면 남자들은 연애를 하더라도 연애를 다른 것과 분리시키기 때문에 연애로 인해 골치 아픈 일이 있다 해도 다른 일에 방해받지 않는다. 허나 여자들은 그렇지 않다. 그녀들에게 만약 연애에 문제가 생긴다면 그건 그녀의 인생 전반에 걸쳐 문제가 일어난 것이나 다름없다.

내 연애만 무겁고 남들 연애는 한없이 가볍고 즐거워 보이는가? 이유는 딱 하나다. 당신이 그 사람이 되어 그 연애를 하고 있지 않기 때문이다. 들어가보면 그 연애 역시 한없이 무겁다. 더 이상 연애가 무겁다고 고민할 것은 없다.

진지한 것은 진지하지 않을 때보다 더 문제가 생겼을 때 더 큰 위력을 발휘한다. 연애에 대해 일어나지 않은 온갖 '만약에' 와 '그럴지도 몰라'를 내려놓기 바란다. 그리고 실제 일어난 일에만 집중하고 그 결말에만 초점을 맞추기 바란다. 그러면 당신의 연애는 훨씬 재미있고 쉬워질 수 있을 것이다.

오래전 방영했던 〈기인열전〉이란 TV 프로그램이 떠오른다. 보통 사람이 갖지 못한 능력의 소유자들이 대거 출연했던 그 프로그램에 빠지지 않고 등장했던 사람들은 단연 '암기왕'이었다. 전화번호부나 몇 만 단위의 숫자를 단번에 외우는 이들은 당시 암기 위주의 뜨거운 교육 열기와 맞물려 한참 주가를 올렸다. 그래서 이렇게 기억력이 좋은 사람들을 머리가 좋은 사람으로 바라본 적이 있었다. 하지만 요즈음 정신의학에서 바라보는 시선은 꼭 그렇지만은 않다. 생각을 버리는 것, 다시 말해 잊어야 하는 것을 잊을 수 있는 사람이야말로 진정으로 건강한 정신의 소유자이기 때문이다.

물론 연애와 결혼이란 소용돌이 속에서만큼은 생각이 많아지는 게 정상이다. 앞에서 언급한 것처럼, 연애를 하면서도 당최 무거운 느낌을 가져본 적이 한 번도 없다면 그건 사랑이 아닐 가능성이 높다. 하지만 너무 오랫동안 생각과 걱정에 빠져 오히려 연애가 방해될 정도라면, 당연히 그 무거움의 정체가 무엇인지 한번 짚고 넘어갈 필요가 있다. 지나친 걱정은 우울증이나 불안증에서 많이 나타난다. 특히 범 불안 장애Generalized Anxiety disorder라는 질환의 경우, 불확실한 미래에 대해 지나치게 걱정을 하는 것이 핵심이다. 광범위한 염려와 걱정, 그리고 반복되는 의구심으로 인해 이들의 삶은 말 그대로 무겁기 그지없다. 불안이 인생의 변화에 수반되는 마음의 성장통이라고는 하지만, 불쑥 찾아온 사랑은 범 불안 장애에서나 볼 수 있는 고통을 유발하기도 한다. 상사병이란 말도 어쩌면 그래서 나온 걸지도 모른다.

범 불안 장애를 앓고 있는 많은 이들은 분노를 표현하는 데 있어 꽤나 어색해한다. 이들의 가장 큰 특징은 연인을 그저 마음속에서 미워하는 것과 실제로 그의 뺨을 때리는 분노의 표출 사이에 큰 차이를 두지 않는다는 점이다. 화를 마음속에 품은 것만으로도 이들은 지나치게 도덕적인 수치심을 느낀다. 실제로 이런 현상을 정신분석학에서는 생각의 죄Thought Crimes라고 표현하는데, 유달리 이들이 생각의 죄에 민감한 까닭은 지나친 완벽주의 성향 탓이다. 또한 지나치게 완벽한 성향을 가질 수밖에 없는 건 이들의 도덕적 기준이 굉장히 까다롭기 때문이다. 이들은 몸서리칠 정도로 자신에게 잔인하다. 그 결과 이들은 엄연히 누려야 할 분노할 권리조차 냉정하게 박탈시켜 버린다. 그래서인지 이들의 사랑 모습은 꽤나 순종적이다. 하지만 그 순종의 원동력은 결코 연인을 향한 배려심이 아니다. 그 순종은 연인에게 공격당하거나 통제받으며 느낄 굴욕감이 두렵기 때문에 발생한 이차적인 것이기에, 결국 마음속에서 썩어 문드러져 분노로 변질되기에 이른다.

그런데 분노가 쌓이면 생각의 죄의 악순환에 빠진다. 결국 생각의 죗값에 해당하는 벌을 받을 거라는 저주를 스스로에게 내리고야 마는데 그것이 바로 걱정이고 불안이다. 사랑이 너무나 무겁게만 느껴진다면, 그건 연인을 향한 자신의 정당한 분노를 관대하게 받아들이지 못한 탓에 덧씌운 저주의 무게이다.

미움이나 분노는 사랑의 또 다른 별칭이다. 사랑하기 때문에 미운 것이다. 그래서 가끔은 숨을 들이마시듯 상대에게 느꼈던 서운한 감정을 받아들이는 연습을 해보는 것이 좋다. 그의 마음이 받아들일 준비가 되어 있다면 진지한 태도로 그 감정을 함께 나누어보는 것 또한 바람직하다. 그럼 어느새 무겁기만 했던 연애가 조금씩 가벼워지는 계기가 될 것이다.

왜 내 연애 패턴은 매번 비슷한 걸까?

내가 아는 선배 K양은 연애에 대한 고민이 있었다. 어떤 남자를 만나도 모두 비슷한 과정을 거쳐 끝나는 모습까지 닮았다는 것이다. 그녀는 왜 자기는 그런 남자들만 고르는지 모르겠다며 남자 보는 눈이 이상한 것인지, 아니면 자신에게만 유독 그런 성향의 남자들이 꼬이는 것인지 궁금해했다. 그러나 내가 보기에 답은 하나였다. 그녀가 만나는 남자들이 문제가 아니라 그녀 자신이 문제였다. 어떤 남자를 만나도 결국 연애를 하는 사람은 '나'이기 때문에 비슷한 패턴을 유지할 수밖에 없다.

특히 자기주장이 강하고 남에게 이끌려가기보다는 이끄는 편에 속한다면 아무리 다른 사람을 만난다 하더라도 연애의 패턴이 비슷하기 마련이다. 그러면 연애의 패턴이 비슷하다는 것은 나쁜 것일까?

결과부터 말하자면 전혀 그렇지 않다. 연애의 패턴이 비슷한 것이 나쁜 것이 아니라 비슷한 그 연애의 모습이 나쁜 것이다. 좋은 연애의 모습이라면 굳이 패턴이 비슷하다고 해서 고민할 이유는 없다. 그러나 늘 성급하게 시작해서 상대의 매력을 채 알기도 전에 끝나버린다면? 혹은 아니다 싶은 생각을 하면서도 질질 끌고 있는 연애를 하고 있다면? 그것이 바로 나쁜 연애 패턴이다.

다시 선배 K양의 이야기로 돌아가보자. 그녀의 연애는 항상 남자가 그녀를 버거워한다는 것에 문제가 있었다. 모든 남자들이 처음에는 강해 보이고 매력적인 그녀에게 관심을 보였지만 사귀고 나면 이내 그녀가 가진 강한 성격을 부담스러워했다. 그래서 한결같이 넌 나에게 너무 과하다, 혹은 나보다 더 좋은 남자를 만나라며 그녀에게 이별을 통보했다. 그래서 그녀는 다음 연애에는 저번과는 완전히 다른 성향을 가진 남자를 만나곤 했지만 결과는 늘 똑같았다.

하지만 근본적인 해결책은 바로 내 안에 있다. 예전과 전혀 다른 성향의 남자를 만난다고 해서 연애 패턴이 달라지는 것은 아니다. 어떤 남자를 만나든 그 남자로 하여금 특정한 행동을 하도록 조정(?)하는 내 자신이 문제인 것이다.

사람은 사람에게 강력한 영향을 미친다. 예를 들어 내가 누군가를 좋게 보기 시작하면 그는 정말 나에게 좋은 사람이 된다. 하지만 내가 그 사람을 나쁘게 보고 행여 나쁜 짓을 하지 않는지 도끼눈을 뜨고 본다면 그 사람은 자신도 모르게 나에게 좋지 않은 행동을 하게 된다. 이것은 단지 느낌만 그런 것이 아니라 실제로 그렇다. 사람은 사람에게 얼마든지 행동이나 성향을 조정할 수 있는 능력을 가지고 있다. 예를 들면 이런 것이다. 어쩐지 나를 주눅 들게 하는 사람이 있다고 치자. 그렇다면 그 사람 앞에서는 언제나 조심을 하게 되고 행여 나를 나쁘게 보지 않을까 노심초사하게 된다. 그리고 그런 긴장감이 쌓이다보면 언젠가는 실수로 이어진다. 이런 경우는 내가 문제가 아니라 나를 보는 그 상대가 문제다.

그렇다면 K양의 남자들은 왜 그녀를 버거워하게 되었을까? K양은 은근히 남자를 이겨야 한다는 생각을 갖고 있었다. 남자가 많은 집안에서 차녀로 태어난 그녀는 늘 오빠와 남동생에게 무언가를 양보하거나 빼앗기면서 살아야 했다. 그런 그녀에게 남자는 내 것을 빼앗아갈 수 있는 사람, 혹은 내 몫을 내가 주장하지 않으면 냉큼 채어가버리는 사람으로 각인되었던 것이다. 그래서 그녀는 연애를 할 때도 남자에게 절대 틈을 주지 않았다. 모든 상황을 완벽하게 스스로 통제하기를 바랐고, 상대방 역시도 그녀의 통제권 하에 있어야만 안심을 했다. 이러니 어떤 남자든 그녀를 만나면 기를 펴지 못했고 결국에는 그녀의 기에 눌려서 나보다 더 좋은 남자를 만나라는 둥 넌 나에게 너무 과분한 상대라는 둥 아리송한 말만 남기면서 떠나갔던 것이다.

연애는 일방적인 줄다리기가 아니다. 동시에 밀고 당기는 줄다리기다. 무슨 얘기냐면 연애는 줄다리기처럼 어느 한쪽이 이기려고 해서는 안 되는 동시에, 어느 한쪽으로도 힘이 기울지 않도록 서로 줄을 잡고 균형을 잘 잡아야 한다는 말이다. 이기지는 말되 그렇다고 지지도 않아야 한다.

K양과는 반대의 경우로 나쁜 남자만 만나는 S양의 이야기도 좀 하고

넘어가야겠다. 그녀야말로 남자 보는 눈이 좀 이상한건가 싶을 정도로 만났다 하면 나쁜 남자들만 만났다. 평소 내가 알기로는 그다지 나쁜 남자가 아니었는데도 S양만 만나면 그들은 하나같이 천하의 나쁜 남자로 돌변했다. 그렇다면 정말 S양은 나쁜 남자들만 골라서 사귀었던 것일까? 물론 그녀가 했던 연애의 몇몇 케이스는 진짜 제대로 나쁜 남자를 만났던 경우도 있었다. 하지만 대게는 그녀가 그들을 나쁜 남자로 만들었다. 세상에 자기 남자가 나쁘기를 바라는 여자가 어디 있겠냐고 말하고 싶겠지만 불행하게도 그런 여자들이 있다. 이 여자들은 애초에 자신을 피해자로 정해놓고 있다.

그래서 항상 남자에게 당한다고 생각하고 실제로 남자에게도 자신에게 입힐 피해를 미리 말하거나 (예를 들면, '너, 나에게 어떻게 어떻게 할 생각이지?') 남자가 나쁜 행동을 해도 '그래, 난 늘 나쁜 남자만 만나니까 이번에도 똑같이 당하는 쪽이구나' 하고 체념해버리는 것이다. 이렇게 되면 실제로 나쁜 남자를 만나지 않는다 하더라도 그녀의 연애 패턴은 늘 나쁜 남자를 만나서 나쁜 연애를 하게 되는 것이다.

연애는 그저 달콤하기만 한 사랑놀이가 아니다. 물론 처음 한동안은 그럴 수 있지만 길게 보자면 이것 역시 인간 관계이기 때문에 모든 인간 관계가 그렇듯 전략과 전술이 어느 정도는 필요하다. 그렇다고 해서 연애를 무슨 게임처럼 온갖 술책과 전략이 난무하는 전쟁처럼 하라는 말은 아니다. 다만 여기에도 인간 관계에서 적용되는 룰이 적용되는 경우가 많다는 것이다. 나쁜 연애 패턴의 습관은 결국 내 안에서 온다. 남을 탓하면 편하겠지만 대신 같은 문제가 계속해서 반복된다면 절대 해결이 되지 않는다.

문제는 원인만 찾으면 되는 것이 아니다. 원인을 찾았으면 그 해결점도 같이 찾아야 결과가 달라진다. 왜 나는 이런 남자들만 만나서 이런 연애만 하는지 모르겠다고 말하지만 잘 들어보면 그녀들의 얘기 속에 이미 답이 있다. 그녀들은 자신들도 모르게 그런 연애가 되게끔 만들고 있다.

지금 똑같은 연애 패턴 때문에 고민을 하고 있다면 찬찬히 한번 생각해보기 바란다. 내가 원하는 연애란 과연 무엇인지, 나는 어떤 연애를 하고 싶은지를 말이다. 내가 만났던 모든 남자들이 똑같은 공장에서 나온 인형들도 아닐 텐데 왜 그들은 나만 만나면 모두 한결같은 반응을 보이는지를 말이다. 그것은 결국 '나'라는 사람을 만났기 때문에 그런 것이다. 연애를 바꾸고 싶다면 남자를 바꿀 것이 아니라 내가 바뀌어야 하고 내가 달라져야 한다. 내 연애 패턴에 아무런 불만이 없다면 모르겠지만 그렇지 않다면 분명 이 연결 고리를 잘라야 한다. 그리고 그 연결 고리를 자를 수 있는 사람은 예전과 다른 '그'가 아니라 예전과는 달라지기를 결심한 '나'여야 한다.

내 연애는 왜 늘 이 모양이냐고 한숨 쉬는 것보다 먼저 해야 할 일이 있다면 왜 나는 이런 연애를 바라느냐는 것이다. 아무도 스스로의 불행을 바라는 사람은 없다고 생각하겠지만 불행한 사람들은 늘 스스로 불행하다는 것을 이미 기정 사실화시켜서 생각한다. 한숨을 쉬는 것, 무언가 일이 잘 풀리지 않으면, '역시 그러면 그렇지. 난 안 돼'라고 생각하는 것 모두 스스로 불행을 부르는 주문과도 같다.

지금 행복한 연애를 하고 싶다면, 여태까지와는 다른 연애를 하고 싶다면 내 연애에 행복한 주문을 걸기를 바란다. 그리고 어떤 남자를 만나도 똑같은 연애가 아닌 다양한 연애를 하겠다고 마음먹기 바란다. 세상은 넓고 남자는 많다. 그리고 그보다 더 많은 것이 연애의 다양한 가짓수임을 명심하자.

심리 **피처링**

그동안의 방식이 안전하다고 믿기 때문에

큰 이변이 없는 한 우리의 연애 패턴은 비슷할 수밖에 없다. 그건 바로 연애와 인간 관계에 얽힌 숨겨진 진실 때문이다. 인간은 항상 익숙한 상황으로 돌아가려는 성향이 있다. '세 살 버릇 여든까지 간다'는 말은 그래서 타당성이 있다. 우리의 감정 조절 능력이나 사회성의 바탕이 되는 신경망의 완성은 대부분 세 살 이전에 이미 이루어지기 때문이다. 정신과 병원을 찾는 분들이 약을 먹으면서 정작 깨닫는 것은 그동안 증상 때문에 가려진 자신의 진짜 모습으로 돌아오기가 참 어렵다는 사실이다. 그건 우리 몸을 구성하는 조직 중 가장 변하지 않으려는 신경세포 조직의 고집스러운 성격 탓이다. 그러다보니 그 조직의 미세한 고장으로 인해 발생하는 증상의 호전 또한 많은 시간을 필요로 한다.

연애 패턴의 변화도 이와 마찬가지다. 연애란 인간이 가질 수 있는 가장 강렬한 대인관계다. 그런데 인간 관계가 가깝고 강렬해질수록 익숙한 상황으로 돌아가려는 인간의 성향은 더욱 짙어진다. 우리의 이런 성향을 프로이트는 반복 강박Repetition Compulsion이란 용어로 표현했다. 불쾌하리만치 무서운 영화들을 자꾸 보고 싶어 하는 일부 공포 영화 마니아들, 자칫 죽을지도 모르는 익스트림 스포츠에 열광하는 젊은이들, 반복적으로 자해를 시도하는 사람들 중 일부는 반복 강박이란 마음의 힘에 지배당하고 있다. 그뿐 아니라 술 마시고 바람피운 남자와 헤어진 여자가 또다시 난봉꾼 같은 남자를 만나는 경우라든가, 의처증으로 헤어진 남자가 새로운 상대에게 또다시 의심을 품는 경우 또한 반복 강박의 단면을 보여준다. 이런 행동이 반복되는 이유는 바로 무의식의 힘 때문이다. 무의식은 정복 욕구가 강해 패배나 좌절을 견디지 못한다. 그 결과 버거운 상황을 회피하기보다 오히려 맞닥뜨리길 원하는 것이다. 그건 마치 순간의 실수로 게임에서 지자 밤새도록 연습하며 상처를 극복하려는 운동선수의 심정 같은 것이다. 고통을 받으면 그나마 과거의 상처를 잊는 데 도움이 되기 때문이다. 그래서 반복 강박에 시달리는 분들은 고통을 느낄 만한 상황에 종종 자신을 노출시키곤 한다. 그건 자신들이 느끼는 고통이 콤플렉스나 공포를 극복하는 데 필요한 대가라고 스스로 단정 지었기 때문이다.

쳇바퀴 돌 듯 우리의 삶을 괴롭히는 반복 강박에서 벗어나기 위해서는 먼저 변화에 대한 두려움을 극복해야만 한다. 이상하게도 우리는 그동안 살아온 방식이 제일 안전하다고 믿는 경향이 있다. 아는 친구의 경우, 윈도우 7이 나오고 있는 이 시점에 아직도 윈도우 98을 쓰고 있다. 스마트폰이 난무하고 있지만 여전히 그는 큼지막한 구형 핸드폰을 고집한다. 왜 여태 그걸 쓰고 있냐고 물어보면 그의 대답은 한결같다.

"아직 별문제 없이 좋은데 왜?"

그리고는 오히려 새로운 걸 추구하는 나를 나무랐다.

"언제나 새 제품은 에러의 가능성이 있지. 검증도 되지 않았고 말이야. 그러니 너도 너무 새것만 찾지 마"라고 말이다.

물론 무조건 새로운 것만이 좋다고는 하진 않겠다. 하지만 과거의 자신과 현재의 삶의 방식이 제일 좋다고 단정 짓는 것은 반드시 다시 생각해봐야 할 명제다. 반복 강박의 늪에서 벗어나느냐 아니면 예전의 모습을 답습하느냐를 선택하는 것이야말로 연애 패턴을 바꿀 수 있는 첫 번째 관문이기 때문이다.

for love 3

당신의 사랑은 언제나 옳다

단 하루라도 누군가를 몸과 마음을 다 해 만나본 기억이 있는 사람이라면 헤어지는 것 또한 얼마나 어려운 일인지 잘 알 것이다. 냉혈한이 아니고서야 사랑하는 사람과 헤어지고 난 뒤에 만나고 싶은 마음이 드는 것은 오히려 정상이다.

하지만 그 정도가 지나친 사람들이 분명 있기는 있다. 예컨대 남자 친구와 헤어졌다며 동네방네 떠들고 다니는 바람에 주변 친구들에게 많은 위로를 받아놓고, 며칠 뒤 헤어진 애인과 다시 만나고 있다는 깜짝뉴스를 발표하는 통에 수많은 지인들을 허탈하게 만드는 사람들이 바로 그들이다. 이런 사람들은 만남과 헤어짐과 같은 인생의 중대사를 결정하는 능력이 떨어진다. 그 이유는 평소 자신의 판단력에 의구심을 품기 때문이다. 의구심은 자신에 대한 불신에서 비롯된다. 자신을 믿지 못하면 남 또한 쉽게 믿기 힘든 법이다. 자고로 연애는 두 사람 간의 일이기 때문에 양쪽 모두에게 믿음을 실어줄 수 없다면 매번 변덕이 죽 끓듯 하는 것은 어찌 보면 당연한 일이다.

만약 이런 사람들끼리 만나도 연애가 잘 이루어질까? 다행히도 정답은 '예스'다. 물론 전제는 있다. 그들 중 한 사람이라도 시간이 지나면서 자신에 대한 확신을 가질 수 있어야 한다. 그런데 놀랍게도 이 확신은 사랑에 빠지면서 저절로 생겨날 수 있다. 영화 〈러브 앤 드럭스〉에서 헤어졌다 다시 만나는 연인들의 이야기를 통해 어떻게 그게 가능한지 한번 살펴보기로 하자.

영화 속 메기의 모습은 그야말로 비관적이다. 그녀가 갖고 있는 증세가 한두 가지가 아니기 때문이다. 좀처럼 젊은 사람들에게 오지 않는다는 그 병의 증상은 손이 떨리고 근육들이 점차 뻣뻣해져 움직임이 느려진다. 얼굴도 점차 무표정해지고 약을 먹어야 비로소 조금이나마 부드러워진다. 몸 안에 있는 섬세하고 연약한 근육들도 같이 굳어간다. 그래서 한때 또랑또랑하고 영롱했던 목소리는 어느새 거칠고 쉰 목소리로 변한다. 성대 근육들도 좀처럼 긴장에서 해방될 수 없기 때문이다. 게다가 방광과 대장기능의 이상으로 인해 대소변 조절에 극심한 불편을 느낀다. 게다가 활력과 인생의 희열을 느끼게 해주는 신경 호르몬들도 같이 고갈되다보니 하루하루가 어둡고 우울해진다. 파킨슨병은 이토록 비단 육체뿐만 아니라 마음까지도 쇠약하게 만든다. 그러나 이런 그녀에게도 사랑이 찾아왔다. 화이자 제약회사 영업사원인 제이미가 바로 그였다. 병원에서 만난 이들은 얼마 되지 않아 약속이라도 한 듯 바로 섹스에 돌입한다. 하지만 그 당시에 이미 사랑이 싹텄는지는 의문이다. 당시 그들에게 있어 섹스란 소위 '원 나잇 스탠드', 그저 마음의 불쾌한 고통에서 잠시 해방시켜줄 수 있는 도구에 불과했기 때문이다.

당시 화이자에서 야심차게 내어놓은 항우울제 졸로푸트. 그의 졸로푸트는 당시 경쟁업체인(지금도 그렇지만) 제약회사 릴리의 대표 항우울제인 프로작과 언제나 경쟁해야만 하는 처지였다. 의사들의 선심을 사기 바빴지만 영화 속 배경인 1997년 당시 프로작의 입지가 워낙 확고했기 때문에 제이미의 회사의 항우울제는 경쟁에서 밀릴 수밖에 없는 신세였다. 그러다가 화이자는 전 세계가 놀랄 만한 약을 발표한다. 이제는 발기부전 치료제의 대명사가 된 비아그라가 바로 그것이다. 제이미가 비아그라의 영업사원이 된 이후 그의 삶은 180도 달라진다. 그의 매출은 월등히 올랐고, 그는 의사들에게 각광받기 시작했다. 영화 속 본사가 있는 시카고행 승진도 바로 눈앞에 보였다. 하지만 그럴수록 메기의 모습은 상대적으로 더 초라해졌다. 그녀의 입장에선 앞길이 창창한 한 남자의 발목을 잡는 것 같았을 뿐 아니라, 자신의 병 때문에 결국엔 또다시 버림받을 거란 두려움으로 그녀 마음은 언제나 불안하고 무거웠다.

세상은 말초적인 자극과 성공만을 중시하는 추세로 이미 변한 지 오래다. 믿기 어렵겠지만 파킨슨병에 걸린 사람들 중 일부는 뻣뻣하게 굳어가는 몸과 달리 더 인간적으로 변모하는 마음을 얻은 분들도 있다. 그러나 소위 '건강한' 사람들은 비록 부와 명예를 위해 애쓰지만 정작 그들의 돈은 밤의 황제가 되거나 더 부자가 되기 위해 부동산이나 증권으로 향한다. 공허한 목표를 위해 달려가는 이들의 몸은 비록 건강할지 몰라도 마음은 파킨슨병 환자들의 근육 이상으로 무미건조하고 뻣뻣하다. 성공이 눈앞에 보이는 제이미 또한 예외가 아니었다. 그래서였을까. 그와 그녀는 결국 헤어질 위기를 맞이한다. 여기엔 자괴감과 버려질 것에 대한 두려움으로 점철된 그녀의 선택이 큰 비중을 차지한다. 그러나 제이미 또한 암울하고 비참한 미래가 싫어 그녀의 절교선언을 별 저항 없이 받아들이고 만다.

하지만 얼마의 시간이 지난 뒤 속물인생만 같았던 그가 웬일인지 그 모든 부귀영화를 마다한 채, 그녀가 타고 가던 버스를 세운다. 그리고는 메기를 향해 말한다.

"난 당신이 필요해. 이런 말 평생 그 누구한테 해본 적도 없고 그럴 말할 관심조차 없었어. 그런데 당신은 날 다르게 봐줬어. 내가 누군가에게 필요한 존재일 수 있다는 사실을 처음으로 깨닫게 해주었어. 게다가 그걸 믿게까지 해주었지."

사실 제이미도 오래된 병을 앓고 있었다. 주의력 결핍 장애가 바로 그것이었다. 이 병은 물론 파킨슨병에 비하면 의학적인 심각도가 그리 높지는 않다. 그러나 또 그렇다고 딱 잘라 말할 수도 없다. 왜냐하면 어렸을 적 그 문제로 인해 주위 사람들에게 언제나 덤벙대고 실수투성이란 핀잔을 받아왔기 때문에, 성인이 되어서도 그는 자기 스스로를 그저 그런 형편없는 사람이라고 믿어 왔다.

물론 세상의 잣대로만 본다면 제이미는 더 이상 그리 부족한 게 없다. 하지만 그가 정작 원했던 것은 자신이 살아갈 가치가 있다는 느낌이었다. 일생 동안 그는 단 한 번도 누군가에게 필요한 존재일 수 있다는 생각을 해본 적 없이 살아왔다. 그러나 메기는 그에게 인생의 의미를 찾게 해준 유일한 여자였다. 그의 고백에 그녀 또한 얼어붙은 마음이 녹기 시작했다. 그녀 또한 그와 비슷한 심정으로 살아왔기 때문에 가능한 일이었다.

돌이켜보면 그들에겐 한 가지 공통점이 있었다. 그건 바로 "그 어느 누구도 당당히 사랑할 자격이 없다"는 은밀한 단정이었다. 파킨슨병이 그녀에게 있어 족쇄였다면, 유능한 동생보다 상대적으로 인정받지 못한 제이미의 기억은 그로 하여금 사랑할 수 없는 사람으로 낙인찍어 왔다. 그래서 있는 모습 그대로의 자신은 결코 사랑받을 수 없다는 전제가 언제나 그의 머릿속을 지배하기에 이르렀다. 학창시절 아버지에게 성적을 조작해서 보여드리기도 했고, 심지어는 성인이 되어서까지도 어머니에게조차 비아그라의 매출실적을 뻥튀기해서 말할 정도였으니 매력 넘치는 그의 모습 뒤에 웅크리고 있던 위축된 자존감은 언제나 바닥을 기고 있었던 것이다.

둘의 사랑을 맺어준 건 결국 서로가 서로에게 필요한 사람이란 사실에 대한 믿음과 확신이었다. 그런데 구슬도 꿰어야 보배라는 말이 있듯, 이 믿음이 상대에게 제대로 전달되지 못한다면 우린 그만큼 가까운 길을 멀리 돌아가야 할지도 모른다. 표현하지 않는 사랑은 서서히 그 힘을 잃어가기 때문이다.

헤어지고 싶으면 헤어지면 되고, 만나고 싶으면 먼저 연락하면 된다.

상대가 의아해하면 불편하게 해서 미안하다고 말하면서, 목소리라도 듣고 싶어 연락했다고 솔직히 표현하면 된다. 좋아한다는 표현에 상대가 불편해할 것이란 두려움 따위는 던져버려도 좋다. 이 세상에 자기 좋다는 데 싫어할 사람 없기 때문이다. 비록 주변 사람들에겐 우유부단하거나 줏대 없는 인간으로 낙인찍히기 십상이지만 이 또한 개의치 말자. 자신에게 솔직한 태도야말로 진정한 쿨함이라고 생각하면 그만이다. 그래서 소위 '밀당(밀고 당기기)'과 같은 진심이 담겨져 있지 못한 전략전술은 적어도 사랑에선 이내 설 자리를 잃고 만다. 사랑은 진심이 담겨 있지 않은 표현을 거부하는 습성이 있기 때문이다.

왜 정신과 의사들은 하나같이 과거를 들추는가?

어느 날 에디터 윤이 물었다. "제 친구가 남자 문제를 상담하러 정신과에 다녀왔는데, 의사가 자꾸 해묵은 부모 얘기만 캐묻는 바람에 그냥 나와버렸대요. 그런데 선생님 글을 봐도 마찬가지네요. 제목은 온통 연애에 관한 고민들인데 왜 대부분의 해결책은 어린 시절 부모에 관한 얘기로 끝이 나는지요?"

그 말을 들은 뒤 난 안타까운 느낌에 빠졌다. 그 친구의 고민이 해결되기는커녕 치료에 대한 절망만 심어주었으므로 그 정신과 의사의 치료는 분명 실패한 것이기 때문이다.

위 질문에 대답하기 전, 다음과 같은 상황을 한번 생각해보자. 이미 자정을 훨씬 넘긴 시간, 당신은 어두컴컴해진 골목길을 바삐 걸어가고 있다. 조금 무서워지려고 하는 찰나 당신은 불이 켜진 가로등 하나를 발견한다. 그런데 전철역에서부터 줄곧 당신을 따라오는 큰 그림자가 계속 마음에 걸린다. 당신의 모든 것을 그 가로등에만 의지하며 마음을 놓기엔 너무 불안하다. 길을 걷는 중간에 몇 번이고 뒤돌아보고 싶지만 이 또한 너무 무서워 엄두가 나지 않는다. 극도로 두려워진 당신은 식은땀까지 흘리며 무사히 집에 들어온다. 그리고선 바로 숨을 죽이며 바깥을 내다본다. 아뿔싸. 그런데 이게 웬일일까. 방금 전만 해도 괴한일지 몰라 당신을 불안에 떨게 만들었던 그림자의 주인공은 알고 보니 평소 잘 알고 지내던 옆집 할머니였던 것이다! 전철역에서부터 이미 할머니는 당신을 알아보고 다가갔지만 정작 당신은 도망치기 바빴던 셈이다. 당신이 그저 뒤를 돌아보는 용기만 허락했더라면 집으로 오는 길은 아마 좀 더 수월하고 즐거웠을지 모른다.

집으로 향한 깜깜한 골목길을 사랑의 여정이라고 가정해보자. 연애하는 와중에 발생한 고민에 대한 대처법이나 테크닉은 때론 어두워지기 쉬운 당신의 연애를 환하게 밝혀주는 가로등이 된다. 그러나 가로등이 아무리 당신 앞을 밝게 비춰본들, 당신이 뒤를 돌아보지 않는 한 졸졸 따라오는 그림자까지는 볼 수 없는 노릇이다. 여기서 그림자란 바로 과거부터 우릴 지배해온 가까운 사람이거나 나의 또 다른 모습을 의미한다.

정신과 의사 칼 융은 마음속 열등한 또 다른 자신을 가리켜 그림자라는 표현을 썼다. 당신의 마음속 그림자가 무엇인지 잘 받아들이고 심지어 그 의미까지 찾을 수만 있다면, 당신의 마음은 가로등 불빛과 같은 어드바이스만 찾아 헤맬 때보다 훨씬 더 여유로워질 수 있다.

마음의 또 다른 비유는 성경에서 찾을 수 있다. 여기서 마음은 종종 밭으로 비유되곤 한다. 씨를 뿌려 싹을 틔우려면 밭의 토양을 잘 갈아놔야 한다. 과거의 응어리진 기억을 잘 정리하는 것은 마치 밭에 여기저기 흩어져 있는 큰 자갈들을 골라내는 작업과도 같다. 물론 비료를 주어 땅을 비옥하게 해야 하는 것 또한 중요하다. 흔히 여성 잡지 뒷부분에서 보이는 연애에 관한 팁들은 사랑에 빠진 마음을 윤기 나게 잘 가꾸어준다. 하지만 이런 팁만 알아가거나 '긍정의 힘'만 맹신하는 모습은 그리 바람직하지 못하다. 그건 마치 모래와 자갈로 가득한 척박한 땅에 아무 생각 없이 비료를 뿌리는 것과 비슷하기 때문이다.

연애를 그저 사랑 놀음 정도로 가볍게 보는 사회 분위기 또한 힘든 고민을 적절히 다루지 못하게 만드는 한 가지 원인이 된다. 그저 원 나이트나 엔조이 정도의 가벼운 관계라면 몰라도, 상대방에게 모든 마음을 줄 정도로 진정 사랑에 빠졌다면 그에 따른 고민을 해결하기란 결코 녹록치 않다. 천재지변을 당한 사람의 고통의 그것과 비슷하거나 오히려 더 심할 수도 있는데도 주변 사람들은 그저 연애타령이나 한다며 적극적인 지지 대신 창피나 무안함만 휙 던져주고 가는 것이다.

정신의학에서 자주 쓰는 말 중 하나는 바로 '과거는 현재'라는 말이다. 이 말을 잘못 해석하면 돌이킬 수도 없으며 바꿀 수도 없는 과거를 마치 현재까지 연결 짓는 것 같아 다소 허탈하게 느껴질지도 모르겠다.

하지만 이 말이 가진 진정한 메시지는 상당히 희망적이다. 과거 그 자체는 바뀔 수 없지만 다행히도 과거의 우리를 바라보는 관점은 바뀔 수 있기 때문이다. 더군다나 과거의 우리를 긍정적으로 바라볼 수만 있다면 현재의 우리 자신을 보는 시선 또한 변할 수 있다. 이 또한 과거는 현재이기에 가능한 일이다.

참고서적

《지금 사랑하지 않는 자, 모두 유죄》 노희경 저 | 헤르메스미디어

《상실의 시대》 무라카미 하루키 저 | 유윤정 역 | 문학사상사

《긍정 심리학》 마틴 셀리그만 저 | 김인자 역 | 물푸레

《시뮬라시옹Simulacres et Simulation》 장 보드리야르 저 | 하태환 역 | 민음사

《이상한 나라의 앨리스》 루이스 캐럴 저 | 존 테니얼 그림 | 김경미 역 | 비룡소

《갈매기의 꿈》 리처드 바크 저 | 이덕희 역 | 문예출판사

《기적을 부르는 뇌》 노먼 도이지 저 | 김미선 역 | 지호

《정신분석에로의 초대》 이무석 저 | 이유

《나는 정말 너를 사랑하는 걸까?》 김혜남 저 | 갤리온

《유아의 심리적 탄생》 마가렛 말러 저 | 이재훈 역 | 한국심리치료연구소

《성숙과정과 촉진적 환경》 도널드 위니캇 저 | 이재훈 역 | 한국심리치료연구소

《하인츠 코헛과 자기 심리학》 앨런 시걸 저 | 권명수 역 | 한국심리치료연구소

《시기심과 감사Envy and Gratitude》 Melanie Klein

《날 괴롭혀도 좋아, 버리지만 말아줘Torment Me, But Don't Abandon Me》 Leon Wurmser | Jason Aronson

《Jealousy and Envy》 Leon Wurmser, Heidrun Jarass

아무도 울지 않는 연애는 없다

초판 1쇄 발행 2011년 3월 31일
개정판 1쇄 발행 2017년 1월 20일
개정판 2쇄 발행 2017년 3월 15일

지은이 박진진 김현철
펴낸이 이범상
펴낸곳 (주)비전비엔피 · 애플북스

기획 편집 이경원 박월 김승희 김다혜 강찬양 배윤주
디자인 김혜림 이광훈 이미숙
마케팅 한상철 이준건
전자책 김성화 김희정
관리 이성호 이다정

주소 우) 04034 서울시 마포구 잔다리로7길 12 (서교동)
전화 02)338-2411 | **팩스** 02)338-2413
홈페이지 www.visionbp.co.kr
이메일 editor@visionbp.co.kr

등록번호 제313-2007-000012호

ISBN 979-11-86639-46-7 03180

· 값은 뒤표지에 있습니다.
· 잘못된 책은 구입하신 서점에서 바꿔드립니다.

「이 도서의 국립중앙도서관 출판시도서목록(CIP)은 서지정보유통지원시스템 홈페이지(http://seoji.nl.go.kr)와 국가자료공동목록시스템(http://www.nl.go.kr/kolisnet)에서 이용하실 수 있습니다.(CIP제어번호: CIP2016031947)」